101 exercices en COMPTABILITE GENERALE

Exercices, QCM, Cas pratiques

Introduction 7

Opérations courantes

Exercice 1 : Opérations de vente et d'achat 9
Exercice 2 : Consignes sur emballages 9
Exercice 3 : Acquisition d'une immobilisation 10
Exercice 4 : Les factures d'avoir 10
Exercice 5 : Enregistrement des salaires 11
Exercice 6 : Les effets de commerce 11
Exercice 7 : Dettes et créances en monnaie étrangère 12
Exercice 8 : Opération d'importation 12
Exercice 9 : Factures de vente et d'achat 13

Déclaration de TVA

Exercice 10 : Frais accessoires aux achats des stocks 14
Exercice 11 : TVA sur acompte 16
Exercice 12 : Acquisition d'un véhicule de tourisme 16
Exercice 13 : Acquisition d'un véhicule de tourisme 16
Exercice 14 : Les acomptes de TVA 16
Exercice 15 : Les acomptes de TVA (suite) 17
Exercice 16 : TVA intracommunautaire 17
Exercice 17 : Déclaration annuelle de TVA (CA 12) 17
Exercice 18 : Déclaration mensuelle de TVA 18
Exercice 19 : Enregistrement d'opération 19
Exercice 20 : Exigibilité de la TVA 20

Opérations bancaires et financières

Exercice 21 : Achat de titres financiers 22
Exercice 22 : Cession des VMP [suite exercice 21] 22
Exercice 23 : Emprunt bancaire 22
Exercice 24 : Emprunt bancaire [suite] 23
Exercice 26 : Virements de fond 23
Exercice 27 : Rapprochement bancaire 23
Exercice 28 : Revenus des titres financiers 25
Exercice 29 : Emprunt bancaire 25
Exercice 30 : Les effets escomptés 25

Inventaire des immobilisations

Exercice 31 : Base amortissable 27
Exercice 32 : Amortissement économique [suite] 27
Exercice 33 : Amortissement fiscal [suite] 27
Exercice 34 : Cession d'immobilisation [suite] 27
Exercice 35 : Amortir en fonction des unités d'œuvre 28
Exercice 36 : Dépréciation de l'immobilisation [suites] 28
Exercice 37 : Cession d'immobilisation [suite] 28
Exercice 38 : Production de l'entreprise pour elle-même 29
Exercice 39 : Amortissement par composant 29
Exercice 40 : Provision pour réparation 29

Inventaire des créances clients

Exercice 41 : Nouvelle créance douteuse 31
Exercice 42 : Ajustement de la provision [suites] 31
Exercice 43 : Perte d'une créance douteuse [suites] 31
Exercice 44 : Perte de créance 31
Exercice 45 : Ajustement des provisions 32
Exercice 46 : Ajustement des provisions [suite] 32

Inventaire des stocks

Exercice 47 : Stock des marchandises 34

Exercice 48 : Marge commerciale [suite] 34

Exercice 49 : Stocks des matières premières 34

Exercice 50 : Stocks des produits finis 35

Exercice 51 : Extrait du bilan 35

Exercice 52 : inventaire des stocks 35

Exercice 53 : Stocks des encours de production 36

Exercice 54 : Stocks des encours de production 36

Inventaire des titres financiers

Exercice 55 : Les titres de participation 38

Exercice 56 : Cession des titres de participation 38

Exercice 57 : Inventaire des titres financiers 39

Exercice 58 : Revenus des titres financiers 39

Exercice 59 : Inventaire des VMP 39

Exercice 60 : revenus des VMP [suite] 39

Dettes et créances en monnaies étrangères

Exercice 61 : Opération d'importation 41

Exercice 62 : Dette en monnaie étrangère 41

Exercice 63 : Dette en monnaie étrangère 41

Exercice 64 : opération d'exportation 41

Provision pour risques et charges

Exercice 65 : Création d'une provision 43

Exercice 66 : Annulation d'une provision 43

Exercice 67 : Création d'une provision 43

Exercice 68 : Provision pour congés payés 43

Exercice 69 : Risque assureur 43

Régularisation des charges et des produits

Exercice 70 : Charges constatées d'avance 45

Exercice 71 : Charges constatées d'avance 45

Exercice 72 : Factures non parvenues 45

Exercice 73 : Charges constatées d'avance 45

Exercice 74 : Produits constatés d'avance 46

Exercice 75 : Factures à établir 46

Exercice 76 : Produits à recevoir 46

Exercice 77 : Intérêts courus non échus 46

Exercice 78 : Intérêts des placements financiers 46

Affectation du résultat

Exercice 79 : Affectation d'un résultat déficitaire 48

Exercice 80: Affectation du résultat bénéficiaire 48

Exercice 81 : Affectation du résultat bénéficiaire 48

Exercice 82 : Dividendes et augmentation du capital 49

Exercice 83 : Premiers et super dividendes 49

Exercice 84 : Affectation du résultat bénéficiaire 49

Opérations de financement

Exercice 85 : augmentation du capital par de nouveaux apports ... 51
Exercice 86 : Incorporation des réserves au résultat 51
Exercice 87 : Incorporation des réserves au résultat 51
Exercice 89 : Crédit-bail 52
Exercice 90 : Placement financier 53

Questions à réponses multiples (QCM)

Exercice 91 : QCM (I) 55
Exercice 92 : QCM (II) 56
Exercice 93 : QCM (III) 57
Exercice 94 : QCM (IV) 58
Exercice 95 : QCM (V) 59

Cas pratiques généraux

Exercice 96 : cas pratique (I) 61
Exercice 97 : cas pratique (II) 62
Exercice 98 : cas pratique (III) 63
Exercice 99 : cas pratique (IV) 63
Exercice 100 : cas pratique (V) 64
Exercice 101 : cas pratique (VI) 65

Corrigé des exercices des exercices en page : 67

Sommaire des corrigés des exercices en page : 144

Introduction

Sauf autres indications, les exercices comptables des cas pratiques qui suivent coïncident avec l'année civile [du 1 janvier au 31 décembre].

Sauf autres indications, le taux de TVA applicable est celui en vigueur en France [20%].

Sauf autres indications, pour les différents calculs, considérer une année de 360 jours, et des mois de 30 jours.

Pour les transactions intracommunautaires, tous les partenaires ont échangé leurs numéros d'identification intracommunautaire.

Exercices

Enregistrement des Opérations courantes

Exercice 1 : Opérations de vente et d'achat

Enregistrer les opérations du mois de janvier N, au journal de l'entreprise KAMELIA. KAMELIA est une entreprise de revente de pièces détachées.

Le taux de TVA applicable est de 20 %.

- Le 2 janvier : Achat de 34000 € de marchandises, auprès d'un fournisseur français, facture d'achat FA 340 ; Paiement prévu dans un mois.

- Le 4 janvier : Achat de 56 000 € de marchandises, auprès de GAMMA, une entreprise installée à Marseille. FA 56. Paiement prévu dans une semaine.

- Le 5 janvier : Vente à un client français de 134 000 € de marchandises, FA de vente 45. L'encaissement est immédiat par virement bancaire.

- Le 10 janvier : Achat, auprès d'un fournisseur espagnol de 67 000 € de marchandise. Paiement effectué par virement bancaire le même jour. Facture d'achat n°12.

- Le 15 janvier : Vente à un client Marocain de 456 000 € de marchandise. Facture de vente FA 57. L'encaissement sera effectué dans un mois.

- Le 17 janvier : Paiement de la facture FA 340 du 2 janvier. Virement bancaire référence 367.

Exercice 2 : Consignes sur emballages

Enregistrer au journal de l'entreprise KAMELIA, les opérations du mois de février :

Le 2 février	Facture d'achat de 50 000 € de marchandises. Taux de TVA de 20 %. 30 emballages consignés sont facturés au prix de 50 € en HT/unité. Facture d'achat F345.
Le 6 février	Les 50 emballages sont restitués au prix de 45 € /unité en HT. Facture d'avoir FA 12.
Le 15 février	Facture de vente de 67 000 € de marchandises, une remise de 5% est offerte sur le prix des marchandises. 20 emballages consignés au prix de 50 € / unités. TVA applicable est de 20 %.
Le 20 février	Déconsignation de 15 emballages au prix de 48 €l'unité. Les cinq restants sont vendus au prix de 50 € /unité. Taux de TVA applicable 20%.

Exercice 3 : Acquisition d'une immobilisation

Enregistrer la facture d'acquisition FA45 du fournisseur LABY.

L'entreprise KAMELIA décide de renouveler son matériel de transport. Le 5 mars elle fait l'acquisition d'un camion pour une valeur de 60 000 €. Le fournisseur GAMMA lui octroie une remise commerciale de 10 % et un escompte pour paiement au comptant de 5 %, sur le prix du camion.

Les frais de transport sont facturés pour un montant de 4000 € en HT ; et un contrat de maintenance annuelle est signé, le paiement de la première annuité, 1500 € en HT, est facturé et payé au moment de la livraison. Le taux de TVA applicable est de 20 %.

Exercice 4 : Les factures d'avoir

L'entreprise KAMELIA vous demande de compléter et d'enregistrer les factures du mois d'avril N.

Facture d'avoir N °1 Client GHOST (retour de marchandises)	
Montant en HT	56 000 €
Remise à 5 %	
Net commercial	
TVA à 20 %	
Montant en TTC	

Barème des ristournes à accorder aux clients selon leurs chiffres d'affaires mensuels.

Tranche du CA en HT	De 0 à 15000 €	De 15000 € à 30 000 €	De 30 000 € à 45 000 €	Supérieur à 45 000 €
Ristourne	0 %	5 %	7 %	9 %

Le chiffre d'affaires mensuel de la société KAMELIA, réalisé avec son client LABY est de 48 000 € ;

Facture d'avoir N °2 Client LABY (Ristournes accordées)	
Ristournes	
TVA à 20 %	
Montant en TTC	

Exercice 5 : Enregistrement des salaires

L'entreprise KAMELIA vous demande de comptabiliser les salaires du mois de mars N. Vous disposez des informations suivantes :

Salaires Brut : 65 000 €, taux des charges salariales : 15 %, taux des charges patronales : 25 %.

Les salaires sont versés au 31 mars N, par virement bancaire.

Les charges sociales sont réglées le 20 avril N.

Exercice 6 : Les effets de commerce

L'entreprise KAMELIA vous demande de comptabiliser toutes les opérations relatives à La facture de vente FA 34 du 1 mai N, qui porte sur la vente de 450 000 € de marchandises à un client Italien. Le paiement devant intervenir dans 3 mois à compter de la date de livraison.

Le 5 mai l'entreprise KAMELIA accepte une lettre de change magnétique en paiement de sa facture, à échéance du 31 juillet.

Le 10 mai N, l'entreprise KAMELIA présente la LCR magnétique à sa banque pour escompte. Les fonds sont virés le 12 mai N. La banque retient toute fois, un escompte de 500 €, des frais de manipulation de 50 € et une TVA sur frais bancaires de 10 €.

Exercice 7 : Dettes et créances en monnaie étrangère

Durant le mois de Mai N, l'entreprise KAMELIA effectue deux opérations avec ses partenaires américains.

Le 1 mai N : Achat de 123 000 $ de marchandises à un fournisseur américain. Facture d'achat N°89.

Le 10 : mai N : Vente de 450 000 $ de marchandises à un client américains. Facture de vente N° 56.

L'encaissement de la créance intervient le 20 mai N. Tandis que la facture d'achat est payée la fin du mois de mai (30 mai N).

Vous disposez des différents taux de changes de la période.

Date	Taux de change du $ pour 1 €
Le 1 mai N	1,95 $ pour 1 €
Le 10 mai N	1,90 $ pour 1 €
Le 20 mai N	1,96 $ pour 1 €
Le 30 mai N	1,97 $ pour 1 €

Exercice 8 : Opération d'importation

Enregistrer l'opération suivante :

Durant le mois de juin N, l'entreprise KAMELIA effectue une opération d'importation auprès d'un fournisseur Chinois.

La facture FA456, datant du 1 juin porte sur l'achat de 56 000 € de marchandises, et 4000 € de frais de transport.

L'entreprise KAMELIA règle les frais de douanes, par le biais de son transitaire habituel : SARL GAMIS.

Le transitaire n'a fait aucune option sur les débits, et sa facture, libellée FA23 en date du 15 juin se présente comme suit :

Dédouanement : 400 € TVA sur frais de douanes : 20 %. Frais du transitaire : 250 €, TVA sur frais du transitaire : 20 %.

L'entreprise KAMELIA à fait le choix de passer les frais sur achat dans leurs comptes par nature. La TVA sur importation est admise en autoliquidation.

Exercice 9 : Factures de vente et d'achat

L'entreprise Joyeuse vache est spécialisée dans la fabrication de préparation fromagère à partir de lait frais.

Durant le mois de janvier N, l'entreprise Joyeuse Vache effectue les opérations suivantes, il vous est demandé d'enregistrer les opérations au journal unique de l'entreprise.

Taux de TVA applicable sur les achats de matières premières est de 5,5%. Le taux applicable sur les ventes des produits finis est de 20 % ;

Tous les partenaires européens ont fourni leur numéro d'identification intracommunautaire.

Date	Opérations
2 janvier N-	Achat de 30 000 litres de lait frais, au prix de 10cts le litre. Une remise de 10 % est offerte par le fournisseur MILKA sur sa facture n° 10. 500 palettes consignées au prix de 50 cts la palette. Le même jour, une lettre magnétique est créée à échéance du 2 mars N. LCR 14
5 Janvier N-	Vente de 10 000 boites de fromage, au prix de 2 € en HT à un client italien. L'encaissement de la facture de vente FV 12 interviendra le mois d'après. Une remise de 5 % est offerte.
10 janvier N-	Réception de la facture mensuelle du l'expert-comptable. FA 34. La facture ne porte aucune mention. Montant en HT 1000 €. Taux de TVA 20 %.

15 janvier N-	Remise à l'escompte de la lettre de change magnétique LCR 14.
20 janvier N-	Réception des fonds sur le compte bancaire, de la lettre de change magnétique LCR14. La banque à prélevé 300 € en escompte, ainsi que 30 €de frais bancaires et une TVA de 20 % applicable sur les frais.
25 janvier N-	Retour de 5000 boites de fromage vendus au client italien pour non-conformité de la commande, facture d'avoir n°1.
30 janvier N-	Retour des palettes consignées au prix de 30 cts la palette. Facture d'avoir n°2.

Exercice 10 : Frais accessoires aux achats des stocks

L'entreprise GOT'IT est une société de fabrication de produits cosmétiques à tendance. La société dispose de partenaires européens et internationaux.

Le comptable vous expose pour enregistrement les factures suivantes :

La facture FA 340 du 3 janvier N, qui porte sur l'achat de 3 500 000 € de produits chimiques auprès d'un fournisseur américain, transport maritime compris. Taux de TVA applicable 10%.

Un acompte versé le 5 décembre N-1 de 1 500 000 €, a été correctement enregistré durant l'exercice N-1.

Facture du transitaire FA 678 du 15 janvier N :

Frais de dédouanement : 35 000 € TVA sur les frais douanier : 20 %

Transport aux entrepôts : 5000 €, TVA sur transport : 1000 €. Honoraire du transitaire : 1200 €, TVA en sus 240 €. La facture du transitaire porte la mention *'option sur les débits''*.

L'entreprise opte incorporer les frais annexes aux achats, dans le coût des matières première achetées.

Exercices

Déclaration de TVA

Exercice 11 : TVA sur acompte

Enregistrer au journal de KAMELIA, l'opération suivante :

Le 16 janvier, versement d'un acompte au garagiste GAMY, pour la réparation d'un véhicule utilitaire (taux de TVA 20 %). Chèque 3457. Montant 1240 €. Le garagiste n'a pas opté pour l'option sur les débits.

Exercice 12 : Acquisition d'un véhicule de tourisme

Enregistrer au journal de l'entreprise GHOST la facture 345 fournisseur ABC Auto :

Le 5 mars, l'entreprise GHOST fait l'acquisition d'un véhicule de tourisme d'une valeur de 35 000 € en HT (taux de TVA applicable 20 %). Des frais de mis à disposition sont facturés par le fournisseur ABC auto, ils sont évalués à 10 % du prix du véhicule.

Exercice 13 : Acquisition d'un véhicule de tourisme

Enregistrer au journal de l'entreprise KAMELIA la facture FV 34 du 12 mars N, fournisseur espagnol LOTO.

Acquisition d'un véhicule de tourisme d'une valeur de 50 000 €, le véhicule est destiné à être utilisé pour le transport du personnel.

Exercice 14 : Les acomptes de TVA

La société APLHA clôture son exercice comptable au 31 décembre, elle a opté pour une déclaration annuelle de la TVA. L'entreprise APLHA s'est acquittée de 8000 € de TVA au titre de l'exercice N-1.

Définir les dates ainsi que les montants des acomptes à verser au titre de la TVA de l'année N.

Comptabiliser les déclarations et paiements de ces acomptes.

Exercice 15 : Les acomptes de TVA (suite)

Suite exercice 14

Durant l'année N, la balance des comptes de la société ALPHA indique un solde créditeur de la TVA collectée (compte 44571) de 25 000 €.

La balance des comptes indique également un solde débiteur de la TVA déductible (compte 44566) de 15 000 €.

Calculer le montant de la TVA à régulariser (en tenant compte des acomptes versés en question 14)

Etablir et comptabiliser la déclaration annuelle (CA12).

Exercice 16 : TVA intracommunautaire

Enregistrer au journal de l'entreprise LABY les opérations effectuées avec les partenaires européens suivantes : (taux de TVA 20 %)

- Facture d'achat de 45 000 € de marchandises, auprès d'un fournisseur italien. Paiement prévu dans un mois. Facture FA 567 du 15mars N, fournisseur GAMMA.
- Facture de vente de 125 000 € de marchandises à un client espagnol. Facture n°123 du 25 mars Client HOLABO.

Exercice 17 : Déclaration annuelle de TVA (CA 12)

Taux de TVA applicable : 20 %. Tous les numéros intracommunautaires ont été échangés entre les partenaires commerciaux.

La société GAMMA est spécialisée dans la revente de marchandises. Durant l'année N-1, l'entreprise GAMMA a enregistré un chiffre d'affaires de 350 000 €, et s'est acquittée d'une TVA, au titre du même exercice de 14 500 €.

L'exercice comptable de la société GAMMA coïncide avec l'année civile, et le taux applicable de TVA sur ses achats et ventes est de 20%.

Le gérant de la société a opté pour le régime simplifié de déclaration en matière de TVA :

- Justifier par des arguments, que la société GAMMA peut choisir ce régime de déclaration en matière de TVA.

Pour effectuer la déclaration de l'année N, le gérant vous confie les informations suivantes, relatives aux ventes, achats, encaissements et décaissements effectués durant l'exercice N :

Chiffre d'affaires annuel	514 000 € en TTC, dont 450 000 € encaissé
Achat de marchandises en France	380 000 €, payé en sa totalité
Acquisition de marchandise, fournisseurs européens	120 000 €, payé en totalité
Achat de prestations de service (fournisseurs ayant opté pour l'option TVA sur les débits)	35 000 € achat en TTC 40 000 € de paiement
Achat de prestation de service (fournisseur n'ayant pas opté pour l'option sur les débits)	15 900 € achat en TTC 25 000 € de paiement
Acquisition d'un véhicule de tourisme	25 000 € en TTC, totalement payé

-Calculer, et comptabiliser les acomptes de TVA au titre de l'année N
-Etablir et enregistrer la déclaration de TVA (CA12)

Exercice 18 : Déclaration mensuelle de TVA

DECO'JARDIN est une entreprise de fabrication d'objets de décoration des jardins. Elle effectue aussi les travaux d'aménagement pour ses clients français et européens.

Le gérant de DECO'JARDIN n'a pas opté pour l'option sur les débits. L'exercice comptable coïncide avec l'année civile, et le taux de TVA applicable est de 20 %.

Tous les partenaires commerciaux ont échangé leurs numéros d'identification intracommunautaires, qui figurent systématiquement sur les factures échangées.

Vous disposez d'un extrait de la balance des comptes des TVA, issu du logiciel de comptabilité de l'entreprise DECO'JARDIN.

Numéro de compte	Intitulé du compte	Mouvement du mois de mai N		Soldes au 31 mai N	
		Débit	Crédit	Débit	Crédit
445200	TVA intracom.due		6 400		6 400
44562	TVA déductible sur immobilisations	1 200		1 200	
44566	TVA déductible sur ABS	61 800	5 100	56 700	
44567	Crédit de TVA à reporter	800		800	
44571	TVA collectée	8 200	125 300		117 100
44585	TVA sur encaissement à régulariser	8 000	20 000		12 000

- Préciser les calculs permettant de déterminer le montant de la TVA due, ou du crédit de TVA au titre du mois de mai N
- Enregistrer au journal de l'entreprise, l'écriture de liquidation de la TVA du mois de mai N.

Exercice 19 : Enregistrement d'opération

La spécialité de la société GHOST est l'organisation des évènements à thèmes. Son exercice comptable coïncide avec l'année civile. Le taux de TVA applicable est de 20 %.

La société GHOST n'a pas opté pour l'option sur les débits

Enregistrer au journal de l'entreprise GHOST les opérations suivantes :

→ Facture de vente FA 234 du *2 mars N*, prestation de service facturée au client 23 000 € en HT ; Le paiement doit intervenir le mois prochain.

→ Date du *5 mai N* : Acompte de 10 % soit 6000 €, reçu de la part du client GAMMA, pour l'organisation d'un salon de la gourmandise.

→ *Le 30 mai N* : Encaissement de la facture FA234, virement bancaire référence 123.
→ *Le 30 mai N* : Facture FV 345 client GAMMA relative à l'organisation du salon de la gourmandise.

Exercice 20 : Exigibilité de la TVA

Remplir le tableau suivant, par les mentions : exigible ou non exigible

		Processus de vente		
		Réception d'un acompte	Facturation/ livraison	Encaissement de la créance
Type d'activité	Livraison de biens			
	Vente de prestation de services (sans option)			
	Vente de prestation de services (sans option)			

Opérations bancaires et financières

Exercices

Opérations bancaires et financières

Exercice 21 : Achat de titres financiers

Enregistrer au journal de l'entreprise LABY les opérations financières suivantes ;

- Achat de 10 000 actions des 15 000 que composent le capital de la société CAMILLE. Cette acquisition est à but d'une rentabilité sur le long terme, et l'entreprise LABY souhaite exercer une influence notable. Le prix de l'action est de 5 €. Les frais bancaires sont de 2 % et la TVA sur frais bancaires est de 20%. Avis de débit 23456 du 5 mai N

- Pour placer une trésorerie excédentaire, Achat de 500 actions de l'entreprise ACCOR pour 10 000 €. Les frais de transaction sont de 250 € en HT. Taux de TVA est de 20%. Avis de débit 5672 du 13 juin N.

- Achat de 4000 obligations émises par GHOST, comme placement sur le long terme, pour un prix de 4000 €. Les frais bancaires sont de 2 % et la TVA sur frais est de 20 %. Avis de débit 45 du 18 juin N.

Exercice 22 : Cession des VMP [suite exercice 21]

Le 1 juillet N, l'entreprise LABY cède 300 actions de l'entreprise ACCOR pour un prix de 25€/titre. Les frais bancaires sont de 30 € et une TVA sur frais est de 20 % ; Avis de crédit N°345.

Le 10 juillet N, l'entreprise ALBY cède le reste des actions de l'entreprise ACCOR pour un prix de 3000 €. Les frais bancaires sont de 1 %, et une TVA en sus de 20 % sur les frais bancaires. Avis de crédit 789.

Exercice 23 : Emprunt bancaire

L'entreprise KAMELIA obtient un emprunt bancaire avec les modalités suivantes :

Capital emprunté : 45 000 €   Durée : 4 ans, Taux annuel : 4 %, modalité de remboursement : Annuités constantes, Frais de dossier : 1 000€, TVA sur frais 20%.

-Comptabiliser l'obtention de l'emprunt au journal de banque de KAMLEIA. Avis de crédit 4567 du 1 mars N ;

Exercice 24 : Emprunt bancaire [suite]

Calculer pour l'entreprise KAMELIA, le montant de l'annuité constante. Calculer le taux annuel effectif (TAEG) de l'emprunt de KAMELIA

Comptabiliser le décaissement de la première annuité (avis de Débit n°56 du 2 mars N+1).

Exercice 25 : Emprunt bancaire

Enregistrer au journal de CAMILLE l'obtention d'un emprunt bancaire dont les modalités sont les suivantes :

Capital emprunté : 18 000 € réceptionné le 15 mars N, durée : 18 mois, taux d'intérêt : 12 %. Amortissements : par des amortissements mensuels constants.

Calculer, et enregistrer le montant de la première mensualité.

Exercice 26 : Virements de fond

Entreprise APLHA, mois d'avril N :

Au premier avril : le solde bancaire est Créditeur de : 32 000 €, Les découverts sont rémunérés au taux d'intérêt annuel de 10 %, Le solde de la caisse est débiteur de : 31 000 €

Comptabiliser les opérations de trésorerie suivante, au journal de banque et journal de caisse :

-6 avril : Versement en espèce de 30 000 € sur le compte bancaire.
- 10 avril : encaissement de la créance du client DUPOND : 45 000 €.

15 avril : Alimentation de caisse 15 000 €.

Exercice 27 : Rapprochement bancaire

L'entreprise GHOST reçoit l'extrait de compte de sa banque LE CREDIT LYONNAIS qui vous est communiqué en annexe1, ainsi que le grand livre du compte 512001 Banque crédit lyonnais tenu par l'entreprise en annexe 2. A l'aide de l'annexe 1 et 2 :

-Justifier la différence des soldes entre les deux documents
-Etablir l'état de rapprochement bancaire au 30/11/N
-Comptabiliser les opérations nécessaires au 30/11//N
-Indiquer les soldes initiaux respectivement sur le grand livre du 512001, et sur le relevé bancaire du crédit lyonnais.

Il est précisé, qu'en cas de différence d'imputation des sommes, il est précisé que les erreurs ont été commises dans la comptabilité de l'entreprise. Annexe 1 : Relevé bancaire du Crédit Lyonnais [entreprise GHOST]

Crédit lyonnais 15 boulevard CUIRY 44830 BOULAYE		Entreprise GHOST 12, allée des oliviers 44000 Nantes			
Extrait du compte au 30 novembre N					
Date	Libellée	Débit	Crédit	Débit	Crédit
1/11	Solde initial			456,98	
5/11	CHQ 23876	1 342,76		1 799,74	
8/11	CHQ 23874	654,87		2 454,61	
14/11	Remise de chèques		15 984,76		13 530,15
15/11	Achat action Air France (VMP)	12 564,00			966,15
16/11	CHQ 23877	568,76			397,39
19/11	Négociation effet N°456 (dont intérêt : 56,07€, commission 13€ en HT)		3 456,78		3 854,17
21/11	Coupons (Air France)		174,00		4 028,17
22/11	CHQ 23878	765,50			3 262,67
22/11	Virement client Pierre		3 345,99		6 608,66
23/11	Prélèvement SFR	234,76			6 373,90
25/11	Frais tenue de compte (dont TVA à 20%)	29,90			6 344,00
26/11	CHQ 23879	786,09			5 557,91
27/11	Domiciliations échues	4 561,76			996,15
29/11	Intérêts de découvert	45,00			951,15
30/11	Remise de chèques		459,10		1 428,25

Grand livre du compte 512001 Crédit Lyonnais					
Date	Libellé	Débit	Crédit	Solde Débiteur	Solde créditeur
1/11	Solde initial				1 799,74
5/11	CHQ 23874		654,87		2 454,61
6/11	CHQ 23875		968,45		3 423,06
10/11	CHQ client GRANGER	3 546,87		123,81	
10/11	CHQ Client FRANCAS	12 437,89		12 561,70	
15/11	Escompte effet 456	3 528,45		16 090,15	
15/11	CHQ 23877		568,76	15 521,39	
17/11	CHQ 23878		765,50	14 755,89	
22/11	Virement pierre	3 345,99		18 101,88	
23/11	CHQ 23879		768,09	17 333,79	
27/11	CHQ client POBLUS	459,10		17 792,89	
29/11	Salaires novembre		11 189,00	6 603,89	
30/11	CHQ client KALYPS	9 851,50		**16 455,39**	

Exercice 28 : Revenus des titres financiers

La société APLHA, reçoit les revenus financiers issus de ses placements :

Le 23 octobre N : réception de 800 € revenus des VMP, frais bancaires 30 €, et TVA sur les frais bancaires au taux de 20%.

Le 25 octobre N : réception de 10 000 € de dividendes de titres de participations de la société GAMMA.

Exercice 29 : Emprunt bancaire

La société GAMMA demande à sa banque l'octroi d'un emprunt bancaire de 60 000 € sur une durée de 3 ans, au taux de 10 % annuel.

Dresser le tableau d'amortissement de l'emprunt selon les trois modalités possibles, en précisant l'avantage de chaque méthode.

Exercice 30 : Les effets escomptés

Enregistrer au journal de l'entreprise GHOST l'opération suivante :

Le 1 mars N, L'entreprise GHOST, accepte en paiement de sa créance envers son client TWIST une lettre de change relevé (LCR) à échéance du 1 juin N. Le montant de la créance est de 45 000 €.

Le 15 mars N, l'entreprise GHOST présente la LCR à escompte. Le 17 mars N, les fonds sont réceptionnés. L'escompte est au taux de 5 % annuel, les frais bancaires sont de 30 € en HT, la TVA applicable est de 20 %. *[Prendre par facilité, une année de 360 jours, et des mois à 30 jours.*

Exercices

Opérations d'inventaire
Les immobilisations

Exercice 31 : Base amortissable

Le 4 juin N, l'entreprise GAMMA fait l'acquisition d'un camion-citerne destiné à transporter ses produits vers ses clients. Le taux de TVA applicable est de 20 %.

Le prix catalogue en HT du camion est de 68 000 €. Son fournisseur la SARL EQUIP offre à GAMMA une remise de 10 % sur le prix catalogue, du camion, et un escompte pour paiement au comptant de 5 % sur l'intégralité de la facture. La facture d'achat (FA 567) comporte en outre, des frais de mise à disposition en HT de 3500€.

Le technicien, estime la durée d'utilisation du camion à quatre années, et une valeur résiduelle estimée nulle.

Calculer le montant de la base amortissable, et enregistrer la facture FA 567du fournisseur EQUIP.

Exercice 32 : Amortissement économique [suite]

Etablir le plan d'amortissement économique du camion-citerne acquis par l'entreprise GAMMA, sachant qu'elle souhaite l'amortir en linéaire sur sa durée d'utilisation ; Et enregistrer la dotation de l'année N au journal.

Exercice 33 : Amortissement fiscal [suite]

Sachant que l'entreprise GAMMA jouit d'un dispositif fiscal qui l'autorise à amortir le camion en mode dégressif sur sa durée d'utilisation. Etablir le plan d'amortissement dégressif. Calculer les dotations et reprises dérogatoires. Enregistrer la dotation de l'année N.

Exercice 34 : Cession d'immobilisation [suite]

L'entreprise GAMMA fait la cession de son camion-citerne en date du 15 janvier N+2, pour un prix de 15 600 € en HT.

Calculer les montants de la dotation économique, et de la reprise de l'amortissement dérogatoire à comptabiliser en année N+2.

Comptabiliser toutes les écritures nécessaires durant l'année N+2.

Exercice 35 : Amortir en fonction des unités d'œuvre

Le 10 janvier N, l'entreprise ALPHA fait l'acquisition d'une machine industrielle destinée à la fabrication de 100 000 000 unités de produits finis durant toute sa période d'utilisation.

La valeur d'entrée de la machine au bilan de l'entreprise APLHA est de 45 000 € ; L'entreprise ALPHA amorti ce type d'équipements en fonction des unités d'œuvre. L'équipe technique dresse le prévisionnel des unités à produire suivant :

25 millions d'unités à produire pour les années N et N+1

15 millions d'unités à produire pour les années N+2 et N+3

20 millions d'unités à produire pour l'année N+4.

Dresser le plan d'amortissement économique, et enregistrer la DAP de l'année N.

Exercice 36 : Dépréciation de l'immobilisation [suites]

La fin de l'année N+1, en raison de l'arrivée d'une nouvelle machine plus performante sur le marché, l'entreprise ALPHA effectue un test de dépréciation. Les valeurs vénales et d'usage estimées sont respectivement de 20 000 € et 18 000 €.

Désigner la valeur actuelle de la machine, et enregistrer une éventuelle dépréciation pour l'année N+1.

Exercice 37 : Cession d'immobilisation [suite]

Le dirigeant de l'entreprise ALPHA, décide enfin de renouveler la machine et fait l'acquisition du nouveau modèle le 1 mars N+2. Le 5 mars N +2, l'ancienne machine est cédée pour un prix en HT de 12 000 €. Des coûts de démantèlement de 650 € en HT, sont engagés, en plus du prix de la nouvelle machine (65 000 € en HT), du coût de son installation (4500 €en HT) et des frais de formation du personnel (500 €). A sa date de cession, l'ancienne machine avait assuré, 80 % de la production prévue initialement.

Enregistrer les écritures d'inventaire résultant de la cession

Calculer la base amortissable de la nouvelle machine.

Exercice 38 : Production de l'entreprise pour elle-même

Durant l'année N, L'entreprise LABY entreprend la conception d'un logiciel pour une utilisation interne en production. Elle recrute à cette fin une équipe performante de 4 informaticiens. La conception démarre le 1 mars N. Le 15 avril N+1, les tests du logiciel sont jugés concluants et sa mise en marche est effective, durée prévue d'utilisation 8 ans et son amortissement est décidé linéaire. Les frais engagés sont les suivants :

	N	N+1
Salaires	125 000	185 000
Frais généraux	30 000	45 000
Dotations	5 500	5 500
Sous-traitance	18 000	45 000

Enregistrer les écritures en année N et en année N+1

Exercice 39 : Amortissement par composant

Le 15 mai N, l'entreprise KAMELIA fait l'acquisition d'une imprimante industrielle d'une valeur en HT, de 150 000 €. La durée d'amortissement prévue est de 8 ans. Cependant, les têtes d'impression, qui représentent 40 % de la valeur de la machine, doivent être renouvelées chaque 3 ans.

Comptabiliser l'acquisition de la machine en utilisant les numéros de comptes suivants : [2154-1 et 2154-2].

Exercice 40 : Provision pour réparation

Le 1 janvier N, l'entreprise SAOUSSAN finalise la conception d'une machine industrielle d'une valeur de 450 000 €, la conception de la machine avait débuté en février N-1. Cette machine destinée à un usage interne a une durée de vie estimée de 10 ans. Cependant, elle nécessite au bout de 5ans, des travaux de révision et remise à niveau, d'une valeur de 10 000 €. Le comptable décide de comptabiliser ces révisions en composant, et de les amortir sur 5 ans. Comptabiliser, toutes les opérations de l'année N.

Exercices

Opérations d'inventaire : Les créances

Exercice 41 : Nouvelle créance douteuse

Le 15 mars N, l'entreprise KAMELIA effectue une vente en HT de 18 000 € de marchandise, en accordant à son client GAMMA le délai habituel de 2 mois pour le règlement de sa facture FA4576.

Le 1 mai N, le client GAMMA fait part par courrier à l'entreprise KAMELIA de ses problèmes de trésorerie. Le 31 décembre N, le client GAMMA n'a toujours pas réglé sa créance, prudent le comptable décide de provisionner la créance à hauteur de 50 %, et de signaler le client comme étant douteux. Comptabiliser les écritures au 31/12/N au journal de l'entreprise KAMELIA.

Exercice 42 : Ajustement de la provision [suites]

Le 6 juin de l'année N+1, le client GAMMA effectue un virement de 12 000 € à l'entreprise KAMELIA en règlement partiel de sa facture FA 4576. Le client GAMMA demande une rallonge supplémentaire car ses problèmes de trésorerie sont toujours d'actualité. Le comptable décide de provisionner 100 % de la créance restant à recouvrir. .

Comptabiliser les écritures au 31/12/N+1 au journal de l'entreprise KAMELIA.

Exercice 43 : Perte d'une créance douteuse [suites]

Le 15 juin N+2, un jugement du tribunal de commerce de Paris stipule la mise en liquidation judiciaire de l'entreprise GAMMA. La société KAMELIA est informée de la perte définitive de sa créance.

Comptabiliser les écritures au 31/12/N+2 au journal de l'entreprise KAMELIA

Exercice 44 : Perte de créance

L'entreprise LABY est spécialisée dans la revente de pièces détachées.

Le 18 mars N, elle effectue une vente de 23 000 € en HT de pièce à son client SAOUSSAN et lui accord le délai habituel de 3 mois pour le règlement de la facture n° 123.

Le 4 septembre, l'entreprise SAOUSSAN est considérée comme non solvable par le tribunal de commerce, et informe la société LABY de sa mise en liquidation judiciaire.

Comptabiliser les écritures au 31/12/N au journal de l'entreprise LABY.

Exercice 45 : Ajustement des provisions

En se basant sur l'état des créances douteuses de l'entreprise GASTON. Il est demandé d'effectuer les calculs adéquats et d'enregistrer les écritures d'inventaire au journal de GASTON au 31/12/N, taux de TVA applicable 20% :

Client	Créance en TTC (N-1)	Dépréciation en (N-1)	Recouvrement en N	Observation
GAMMA	12 000	20 %	6 000	Pour solde
ALPHA	6 800	15 %	/	Augmenter la dépréciation à 20 %
BETA	9 900	35 %	1 500	Augmenter la dépréciation à 50 %
OMEGA	6 000	10 %	3 500	Pour solde

Exercice 46 : Ajustement des provisions [suite]

En N+1, l'entreprise GASTON est informée de la liquidation judiciaire de l'entreprise BETA. Par ailleurs, elle recouvre l'intégralité de la créance de l'entreprise APLHA.

Comptabiliser les écritures au 31/12/N+1 au journal de l'entreprise GASTON.

Exercices

Opérations d'inventaire : Les stocks

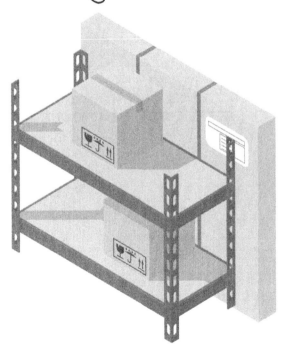

Exercice 47 : Stock des marchandises

L'entreprise LABY est spécialisée dans la revente de moteurs pour machines industrielles. Son exercice comptable coïncide avec l'année civile, et le taux de TVA applicable sur ses ventes et achats est de 20%.

L'annexe 1 présente l'état des stocks au 1 janvier N.

Stocks	Nombre	Valeur d'achat	Dépréciation
Moteurs	1200	560	5 %

L'annexe 2 présente l'état des stocks au 31 janvier N

Stocks	Nombre	Valeur d'achat	Dépréciation
Moteurs	4000	550	15 %

Consignes : Présenter les écritures nécessaires au 31 janvier N

Exercice 48 : Marge commerciale [suite]

L'entreprise LABY vous confie en annexe 3, d'autres informations financières afin de calculer pour l'année N, le chiffre d'affaires, le coût des marchandises vendues et enfin la marge commerciale réalisée.

Les ventes		Les achats	
Quantité vendue	Prix de vente unitaire moyen	Quantité achetée	Prix d'achat moyen
12 000	1 000	14 800	550

Exercice 49 : Stocks des matières premières

L'entreprise GHOST est une entreprise de production. Elle fabrique à partir d'une matière unique M1, deux produits finis (P1 et P2) commercialisés respectivement à 150 € et 95 €.

Au 1 janvier N, l'entreprise GHOST disposait d'un stock initial de matière M1 de 3000 unités dont le coût unitaire moyen était de 35€.

Durant l'année N, elle effectue trois achats consécutifs de matière M1.

Le 15/01/ N : 6000 unités à 30 €, Le 15/03/N : 12 000 unités à 25 € et 15/09/N : 20 000 unités à 32€.

L'entreprise GHOST valorise ses stocks au moyen du CUMP. Les informations de production indiquent que les quantités consommées pour l'usinage des deux produits P1 et P2 sont de 38 000 unités, dont 25 000 unités pour la production des P1. *Arrondir à € le plus proche.*

Indiquer les coûts des matières consommées, respectivement pour P1 et P2

Indiquer les quantités ainsi que la valeur du stock final de la matière M1

Enregistrer les écritures nécessaires au 31/12/N

Exercice 50 : Stocks des produits finis

Entreprise GHOST : suite   arrondir à € le plus proche

Vous disposez des informations suivantes, issues du service de production

	Produits P1	Produits P2
Stock initial	1000 unités à 70 €	1200 unités à 45 €
Production en quantité	15 800	18 000
Vente en quantité	16 200	14 500
Main d'œuvre	14 000 heures à 20 €/heure	15 900 heures à 20 € /heure
Dotations	9 000 €	18 000 €
Services généraux	27 000 €	25 000 €

- Calculer les coûts de production des unités produites de P1 et P2
- Valoriser les stocks finaux des produits P1 et P2
- Comptabiliser les écritures au 31/12/N.

Exercice 51 : Extrait du bilan

Entreprise GHOST : suite

Présenter un extrait du bilan de l'entreprise GHOST au 31/12/N.

Exercice 52 : inventaire des stocks

L'entreprise GAMMA exerce une double activité, une activité commerciale, elle achète des moteurs (MOT1) pour machine industrielle qu'elle revend en état, et une activité de production, car elle dispose du brevet pour fabriquer une pièce PRC1. Ses clients sont principalement des entreprises industrielles.

A la clôture de son exercice comptable de l'année N (au 31 décembre), l'état des stocks était le suivant :

Stocks	Quantités	Valeur unitaire	Dépréciation
Moteurs (MOT1)	10 000	500€	10 %
Pièces (PRC1)	58 000	90 €	5 %

Au 1 janvier N, les stocks initiaux étaient les suivants :

Stocks	Quantités	Valeur unitaire	Dépréciation
Moteurs (MOT1)	15 000	450€	5 %
Pièces (PRC1)	17 000	85 €	10 %

Enregistrer les écritures au 31 décembre N.

Exercice 53 : Stocks des encours de production

Vous disposez d'un extrait du bilan de l'entreprise KAMELIA au 1 janvier N

Les actifs	Bruts	Amortissements et dépréciation	Net	Passif	Montant
Stocks des encours de production	128 000	28 000	100 000		
Stocks des produits finis	1 050 000	25 000	1 025 000		

Comptabiliser les écritures d'inventaire : sachant que les stocks des encours de production ont été finalisés durant l'exercice N, que la valeur du stock final des produits finis est de 950 000 € et qu'aucune dépréciation ne doit être constatée au 31/12/N.

Exercice 54 : Stocks des encours de production

Entreprise KAMELIA : suite

Présenter un extrait du bilan de l'entreprise KAMELIA au 31/12/N.

Exercices

Opérations d'inventaire : Les titres financiers

Exercice 55 : Les titres de participation

L'entreprise LABY vous confie des informations concernant ses placements financiers afin de comptabiliser les écritures au 31 décembre N.

Inventaire des titres de participation au 31/12/N-1			
	Nombre des titres	Prix d'achat	Cours au 31/12
Titres de participation A	10 000	5 €	4 €
Titres de participation B	50 000	10 €	12 €

Inventaire des titres de participation au 31/12/N			
	Nombre des titres	Prix d'achat	Cours au 31/12
Titres de participation A	10 000	5 €	8 €
Titres de participation B	50 000	10 €	7 €

Exercice 56 : Cession des titres de participation

Vous disposez d'un extrait du bilan de l'entreprise GHOST arrêté au 1/01/N. Sachant que le 4 mars N, l'entreprise GHOST a fait la cession de 80% des titres de participation qu'elle possédait au prix de 125 000 €, et que les écritures ont été correctement enregistrées à cette date. Enregistrer les écritures d'inventaire au 31/12/N.

Actifs	Valeurs brutes	Amortissements et dépréciation	Valeurs nettes
Titres de participation	80 000	5000	75 000

Quelle est le résultat de cette cession ?

Présenter un extrait du tableau de compte du résultat au 31/12/N

Exercice 57 : Inventaire des titres financiers

Vous disposez des informations financières arrêtées au 31 décembre N concernant l'entreprise GASTON. Enregistrer les écritures d'inventaire.

Le 5 mars N : L'entreprise GASTON fait l'acquisition de 8000 actions des 10 000 qui composent le capital de la société SAOUSSAN au prix de 160 000 €. L'entreprise GASTON souhaite exercer une influence notable sur la société SAOUSSAN. Au 31 décembre N, le cours boursier des actions SAOUSSAN s'établissait autour de 12€/action.

Le 4 avril N, l'entreprise GASTON fait la cession de 5000 obligations qu'elle détenait depuis 5 ans pour un prix de 50000€. Ces obligations sont remboursables dans 5 ans. Ces obligations avaient été acquises pour 45 000 €, et courant N-1, une dépréciation de 2500 € avait été enregistrée.

Exercice 58 : Revenus des titres financiers

L'entreprise GAMMA détient depuis deux ans 20 000 obligations émises par la banque postale, les modalités sont les suivantes :

Prix d'émission : 5 €   Prix de remboursement 6 € : Valeur nominale : 5 € Remboursement infine dans 7 ans, Intérêts payable chaque 1 mars, taux d'intérêt annuel : 5 %, cours boursier au 31 décembre N : 4 €/obligation.

Enregistrer les écritures au 31 /12/N

Exercice 59 : Inventaire des VMP

le 1 mars N, l'entreprise GUEST fait l'acquisition au prix de 150 000 € de 5000 actions de la société ACCORD en vue de placer une trésorerie excédentaire. Le 5 décembre, elle en cède 4000 actions au prix de 40 €/action. Au 31 décembre N, le cours de l'action s'établissait autour de 25 €/action. Enregistrer les écritures d'inventaire au 31/12/N.

Exercice 60 : revenus des VMP [suite]

Aussi à la date du 1 mars N, l'entreprise GUEST fait l'acquisition de 2000 obligations émises par la RATP. Ces obligations sont un placement à court terme et donc considérées comme des VMP. Au 31/12/N, les intérêts de l'année N estimés sont de 450 € payable à la date d'anniversaire du prêt obligataire.

Enregistrer les écritures d'inventaire au 31/12/N.

Exercices

Dettes et créances en monnaie étrangère

Exercices : Dettes et créances en monnaie étrangère

Exercice 61 : Opération d'importation

Le 1 mars N, l'entreprise ALBY fait l'acquisition de 15 000 unités de marchandise auprès d'un fournisseur américain au prix de 4$/unité, facture FA12. Les frais de dédouanement ainsi que la TVA ont été acquittés par le bais du transitaire [Facture FA 256 fournisseur DAMAL] :

TVA sur marchandise : 10 000 €   Droits des douanes : 300 € en HT. Services du transitaire : 400 € en HT. Le transitaire n'a fait mention d'aucune option. L'entreprise enregistre ces charges dans leurs comptes par nature.

Le 15 avril, l'entreprise ALBY règle la moitié de la facture du fournisseur américain, ainsi que la facture du transitaire.

Sachant que les cours du $ par rapport à l'€ étaient de 1€ pour 1,85$ au 1 mars N, et de 1€ pour 1,70 $ au 15 avril. Enregistrer les écritures de l'année N.

Exercice 62 : Dette en monnaie étrangère

Entreprise ALBY suite :

Au 31/12/ N, le cours du $ par rapport à l'€ s'établissait à : 1€ pour 1,65$. Réévaluer la dette détenue par la société ALBY envers son fournisseur américain et comptabiliser les écritures d'inventaire nécessaires.

Exercice 63 : Dette en monnaie étrangère

Entreprise ALBY suite :

Enregistrer les écritures au 1 janvier N+1. Et, comptabiliser le paiement du solde de la dette intervenue le 1 mars N+1 [Taux de change 1€ pour 1,9$].

Enregistrer les écritures nécessaires au 31/12/N.

Exercice 64 : opération d'exportation

Le 5 juillet N, l'entreprise GASTON effectue la vente à un client anglais de 12 500£ de marchandise *[Change 1£ pour 1,25€]*, facture de vente FA 34

- L'encaissement de 80 % de la créance intervenue le 15 décembre N *[Change 1£ pour 1,15€]*

- Le change au 31/12/N est *[1£ pour 1,3€]*

Enregistrer les opérations comptables pour l'année N

Exercices

Provisions pour risques et charges

Exercice 65 : Création d'une provision

Le 1 mars N, l'entreprise SAOUSSAN recrute un nouveau DRH nouvellement diplômé. Le DRH commence un plan de restructuration et licencie quatre agents jugés les moins performants selon le chef de production. Les agents, pensant être lésés entament une procédure aux prudhommes. Le 31 décembre N, à l'occasion des travaux d'inventaire, le chef comptable demande au juriste l'issu probable de la procédure judiciaire à l'encontre de la société. Pessimiste, et s'appuyant sur la jurisprudence, le juriste l'informe qu'il serait prudent de considérer des indemnités de 15000 € par personne licencié. Enregistrer les écritures nécessaires au 31/12/N.

Exercice 66 : Annulation d'une provision

L'entreprise SAOUSSAN (suite) :

Le 15 avril N+1, la société est condamnée à verser des indemnités de 20 000 € par personne licenciée sans motif valable. Le 1 mai N+1, l'entreprise SAOUSSAN exécute les virements. Enregistrer toutes les écritures en N+1.

Exercice 67 : Création d'une provision

L'entreprise ALBY est spécialisée dans la fabrication de téléphones portables et autres produits électroniques. Elle offre à ses clients une garantie de réparation en cas de panne dans les 2 ans. La société estime le montant des réparations sur les appareils vendus en année N à 35 000 €. Enregistrer les écritures nécessaires en année N.

Exercice 68 : Provision pour congés payés

Au 31/12/N, l'entreprise ALPBY constate 15 000 € de congés payés qui n'ont pas été consommés par leurs bénéficiaires. Les charges sociales relatives sont de 3500 €. Comptabiliser l'écriture au 31/12//N.

Exercice 69 : Risque assureur

L'entreprise GAMMA à pour activité la fabrication de produits cosmétiques à partir de matières premières chimiques très inflammables. Elle dispose d'une assurance qui couvre d'éventuels dégâts matériels et humains en cas d'incendie. Le comptable pense que vu la probabilité élevée d'un incident, il devra créer une provision de 8000 €. L'administration fiscale l'informe que cette provision ne peut être déductible du résultat de l'année. Expliquer la raison de la non-déductibilité de cette provision.

Exercices

Régularisation des charges et des produits

Exercices : Régularisation des charges et des produits

Exercice 70 : Charges constatées d'avance

La société ANIS s'acquitte périodiquement des charges citées en annexe, il est demandé d'enregistrer les écritures de régularisation à la clôture de l'exercice N, ainsi que les écritures devant être repassées à l'ouverture de l'exercice N+1. Les factures ont été correctement enregistrées à leurs dates respectives :

Charges	Montant global en HT	Date de paiement	Périodicité
Loyer du siège	120 000	1 avril	Annuelle
Assurances	15 000	15 novembre	Trimestriel
Loyer crédit-bail	6 000	1 septembre	Semestriel

Exercice 71 : Charges constatées d'avance

La société ANIS détient dans ses bureaux des consommables [achats non stockés] qui n'ont pas été consommées à la date de clôture de l'exercice au 31/12/N. Ces consommables sont évaluées à 5800 € en HT. Il est demandé d'enregistrer les écritures au 31/12/N.

Exercice 72 : Factures non parvenues

La société ANIS constate à la date de clôture de son exercice que la facture FA125 de son fournisseur ALBY, relative à l'achat de 36000€ en HT de marchandises n'est pas encore parvenue. Bien que la livraison ait été correctement réceptionnée. Enregistrer les écritures de régularisation au 31/12/N.

Exercice 73 : Charges constatées d'avance

Dans le cadre de l'inventaire des stocks au 31/12/N, le comptable de la société ANIS constate que les marchandises facturées par leur fournisseur SOUSSAN [FA 125 du 1 décembre N] n'ont pas encore été livrées. Leur valeur facturée est de 4500 € en HT. La facture a été correctement enregistrée au journal.

Enregistrer les écritures de régularisation au 31/12/N.

Exercices : Régularisation des charges et des produits

Exercice 74 : Produits constatés d'avance

L'assureur de la société ANIS est la SARL VISAR. Le 1 septembre N, il enregistre correctement à son journal des ventes la facture FV 124 relative à la prime d'assurance perçue de la part de la société ANIS, montant 15 000 € en HT pour une couverture trimestrielle. Enregistrer au journal de l'assureur la SARL VISAR les écritures nécessaires au 31 décembre N.

Exercice 75 : Factures à établir

La société ALBY constate à la date de clôture de son exercice que la facture FA125 adressée à son client la société ANIS, relative à la vente de 36000€ en HT de marchandises n'a pas encore été éditée par le service commercial. Bien que la livraison ait été correctement effectuée. Enregistrer les écritures de régularisation au 31/12/N.

Exercice 76 : Produits à recevoir

Au 31 décembre N, la société KAMELIA devait recevoir au titre de l'année N, une subvention devant l'aider pour acheter les matières premières. Cette subvention d'un montant de 35 000 € est fournie chaque an par les collectivités locales. Hélas, la crise sanitaire a retardé l'assemblée générale et la société KAMELIA a du emprunter pour faire face à ses besoins en fond de roulement. Enregistrer les écritures au 31/12/N.

Exercice 77 : Intérêts courus non échus

Face à ses problèmes de trésorerie, et pour assumer ses besoins en fonds de roulement causés par le retard de réception de la subvention, le 1 mars N, la société KAMELIA contracte un emprunt bancaire de 25 000 €, remboursable infine au bout d'un an. Le taux d'intérêt annuel appliqué est de 5 %.

Enregistrer les écritures au 31/12/N.

Exercice 78 : Intérêts des placements financiers

Enregistrer les écritures nécessaires au 31/12/N relatives aux intérêts perceptibles annuellement des obligations achetées par la société LABY. Les caractéristiques de l'emprunt obligataire sont les suivantes :

Nombre des obligations : 1200 Valeur nominal de l'obligation : 5 € taux d'intérêt : 5 %, échéance : le 1 mars N maturité : 5 ans remboursement : infine.

Exercices

Affectation du résultat

Exercices : Affectation du résultat

Exercice 79 : Affectation d'un résultat déficitaire

Les associés de l'entreprise ALBY tiendront le juin N+1 l'assemblée générale ordinaire afin d'affecter le résultat déficitaire de l'année N.

Le résultat de l'année N est un déficit de 25 000 €, il a été décidé de l'affecter entièrement au report à nouveau débiteur.

Enregistrer les écritures comptables à l'issu de l'assemblée générale.

Exercice 80: Affectation du résultat bénéficiaire

Afin de préparer l'AGO de la société KAMELIA, les informations en annexe 1 vous sont présentées. Vous avez pour consigne de préparer un projet de répartition du bénéfice réalisé en N-1.

Annexe 1 :

Extrait des capitaux propres au 31/12/N-1 [avant répartition]

Capital social (20 000 actions à 10 €, dont 15000 libérées.	200 000 €
Réserves légales	8 000 €
Résultat de l'année	220 000 €
Réserves statutaires	12 000 €
Autres réserves	3500 €
Report à nouveau créditeur	4500 €

Les statuts mentionnent que à chaque fois que cela est permis, 20 % du résultat bénéficiaire doit être affecté aux réserves, et que l'intérêt statutaire est de 10 %.

Il est décidé de donner un superdividende de 5 € / action. Le solde du résultat doit être affecté aux autres réserves.

Exercice 81 : Affectation du résultat bénéficiaire

Suite exercice 80

Calculer le montant des dividendes par actions

Exercices : Affectation du résultat

Enregistrer les écritures à l'issu de l'AGO.

Exercice 82 : Dividendes et augmentation du capital

Vous disposez en annexe 1, le projet d'affectation du résultat de l'entreprise SAOUSSAN, il est demandé d'effectuer les calculs nécessaires et d'enregistrer les écritures au journal.   *Annexe 1*

Le résultat réalisé en année N-1 est bénéficiaire, il s'élève à 125 000 €.

Le capital social de la société SAOUSSAN est composé de 100 000 actions d'un nominal de 5 €. Durant l'année N-1, 20000 nouvelles actions ont été émises, les fonds ont été intégralement versés le 1 octobre N-1.

Au 31/12/N-1, les réserves statutaires s'élevaient à 8500 €. Les capitaux propres affichaient aussi un report à nouveau débiteur de 7000 € et des réserves facultatives de 7500 €.

Selon les statuts : L'intérêt statutaire est de 5 % du montant du capital libéré, au prorata du temps.

Projet de l'AGO : affecter 40 % du bénéfice distribuable aux autres réserves, de distribuer le solde en dividendes [arrondir à au cts d'€ inférieur]. Le solde doit être porté en report à nouveau créditeur.

Exercice 83 : Premiers et super dividendes

Entreprise SAOUSSAN suite :

Désigner le montant des dividendes par actions, et comptabiliser le versement des dividendes aux actionnaires intervenu le 1 septembre N.

Exercice 84 : Affectation du résultat bénéficiaire

Entreprise SAOUSSAN suite :

Dresser un extrait des capitaux propres avant et après affectation du résultat

A quoi correspond la variation du montant des capitaux propres intervenue suite à l'affectation du résultat ?

Exercices

Opérations de financement

Exercice 85 : augmentation du capital par de nouveaux apports

Le capital de la société GAMMA est composé de 3000 actions d'un nominal de 30€. Le 1 mars N, l'entreprise GAMMA effectue une augmentation de son capital par émission de 1500 nouvelles actions. Les capitaux propres de GAMMA avant l'augmentation sont évalués à 1 050 000 €. Le prix d'émission des nouvelles actions est de 320 €. Le capital est libéré du minimum légal.

- Calculer la valeur de l'action GAMMA avant augmentation
- Calculer la valeur de l'action GAMMA après augmentation, en déduire le DPS (droit préférentiel de souscription)
- Présenter la parité d'échange, quel est le prix à payer pour acquérir une action des nouvelles émises lors de l'augmentation ?
- Calculer le montant d'augmentation du capital, et le montant de la prime d'émission
- Enregistrer les opérations au journal de l'entreprise GAMMA

Exercice 86 : Incorporation des réserves au résultat

Entreprise GAMMA suite :

Quelle sont les options qui s'offrent à l'entreprise SAOUSSAN qui détenait 1200 des anciennes actions du capital de GAMMA ?

Comptabiliser les opérations au journal de SAOUSSAN, à la réception de ses DPS, et dans le cas ou elle souhaite exercer pleinement ses DPS.

Exercice 87 : Incorporation des réserves au résultat

Au 1 janvier N, L'entreprise SAOUSSAN décide d'incorporer l'ensemble de ses autres réserves à son capital social. Vous disposez en annexe 1 l'état des capitaux propres avant augmentation du capital.

Capital social	100 000 € (nominal de l'action 20 €)
Réserves légales	10 000 €
Autres réserves	120 000 €
RAN	40 000 €

Calculer le nombre des actions à créer

Calculer la valeur de l'action de SAOUSSAN avant et après augmentation, en déduire la valeur du DPA (droit préférentiel d'attribution).

Retrouver la parité d'échange, et faire la simulation pour l'entreprise GHOST qui détenait 3000 des anciennes actions.

Enregistrer les écritures comptables à l'issu de l'assemblée extraordinaire tenue le 5 mars N.

Exercice 88: Emprunt indivisis

L'entreprise ALBY souhaite de doter d'une nouvelle machine-outil d'une valeur de 180 000 € en HT. Le 1 mars N, son gérant se rapproche de sa banque afin d'obtenir un financement.

Au regard des garanties offertes par l'entreprise ALBY, le banquier lui propose de financer 80 % de l'investissement, sur une durée de 3 ans par des mensualités constantes au taux annuel de 12 %. Les frais de traitement sont évalués à 300 € en HT.

- Calculer le montant de l'emprunt
- Enregistrer les écritures de réception des fonds intervenue le 1 avril N
- Enregistrer la facture FA 250 du 15 avril N relative à l'acquisition de la machine-outil.
- Calculer le montant de la mensualité constante
- Enregistrer les écritures au 31/12/N, sachant que la mise en service de la machine est intervenue le 1 mai N. L'amortissement économique est linéaire sur 5 ans.

Exercice 89 : Crédit-bail

L'entreprise GAMMA décide d'acquérir un camion citerne nécessaire à son exploitation. La valeur estimée du camion est de 15 000 € en HT.

La trésorerie de l'entreprise ne lui permet pas d'effectuer cet investissement par ses fonds propres, le comptable décide alors de faire appel à une société de leasing. Cette dernière lui propose le contrat suivant :

Exercices : Opérations de financement

1 er versement : 3000 € en HT. Ensuite : 48 mensualités de 300 euros en HT.

Valeur de rachat à l'issu des 48 mois : 2500 €.

Le contrat de crédit-bail est signé le 1 mars, date du premier versement. Les mensualités interviennent chaque 15 du mois.

-Enregistrer toutes les écritures de l'année N

-Ou figurent les informations relatives à cet engagement ?

-Enregistrer les écritures en année N+4, sachant que le 1 avril N+4 date de la dernière mensualité l'entreprise GAMMA décide de racheter le camion-citerne selon les modalités du contrat.

Exercice 90 : Placement financier

L'entreprise GOLD souhaite faire un placement à long terme d'un excédent qu'elle possède. Elle fait l'acquisition de 30 000 actions des 35 000 qui composent le capital social de la société KAMILLE. L'entreprise GOLD souhaite exercer une influence notable sur cette dernière.

- Qualifier les actions acquises par l'entreprise GOLD
- Quel est l'intérêt d'une telle acquisition pour l'entreprise GOLD ?
- Quel est l'intérêt de céder ces actions pour l'entreprise KAMILLE ?
- Quels sont les autres placements potentiels pour l'entreprise GOLD ?
- Quelle sont les autres options, ainsi que leur avantage pour l'entreprise KAMILLE ?

Exercices
Questions à réponses multiples (QCM)

Exercices : Questions à réponses multiples

Exercice 91 : QCM (I)

Une augmentation du capital de la société KAMILLE par émission de 8000 nouvelles actions. Le capital de KAMILLE est composé actuellement de 64000 actions dont le nominal est de 5 €. La valeur de l'action avant augmentation est de 50 €. La valeur de l'action après augmentation est de 47,78 €. Tous les fonds ont été versés par les nouveaux actionnaires.

1- **Le capital social de la société KAMILLE avant augmentation est de :**

    a- 320 000 €   b- 40 000 €   c- 32 000 €   d- Aucune des réponses

2- **L'augmentation du capital social de KAMILLE est de :**

    a- 40 000 €   b- 400 000 €   c- 32 000 €   d- Aucune des réponses

3- **Les capitaux propres de KAMILLE, avant augmentation sont évalués à :**

    a- 320 000 €   b- 3 200 000 €   c- Aucune des réponses

4- **Le capital social de la société KAMILLE après augmentation est de :**

    a- 3 200 000 €   b- 360 000 €   c- 400 000 €   d- Aucune des réponses

5- **La valeur nominale de l'action après augmentation du capital est de :**

    a- 5 €   b- 50 €   c- 47,78 €   d- Aucune des réponses

6- **Le prix d'émission de l'action est de :**

    a- 5 €   b – 50 €   c- 47,78 €   d- 30 €   e- Aucune des réponses

7- **La prime d'émission des nouvelles actions est de :**

    a- 30 000 €   b- 200 000 €   c- 64 0000 €   d- Aucune des réponses

8- **Le DPS (droit préférentiel de souscription) est offerts aux :**

    a- Nouveaux actionnaires en guise de remerciement

    b- A tous les actionnaires

    c- Aux anciens actionnaires pour compenser la perte de valeur de leurs actions.

    d- Aucune des réponses.

9- **Le DPS de cette émission est de :**

    a- 2,22 €   b- 3 €   c- 45 €   d- Aucune des réponses

Exercice 92 : QCM (II)

Vous assistez le directeur financier de la SAS ALBY dans la préparation de l'assemblée générale d'affectation du résultat. Vous disposez des informations relatives aux capitaux propres de la SAS ALBY. Capitaux propres de la SAS ALBY avant affectation du résultat :

Capital social : 125 000 € (nominal de l'action 100 €, une augmentation intervenue le 1 avril N-1 de 250 nouvelles actions, entièrement versées).

Réserves légales : 12 000 €   Réserves statutaires : 60 000 €
RAN débiteur (26000€).   Résultat (bénéfice) : 145 000 €
Intérêts statutaires : 10 %. Il est décidé de verser l'intégralité du bénéfice distribuable aux actionnaires (arrondir le calcul à l'€ inférieur). Le solde est à affecter au RAN créditeur.

1- Le nombre des actions de la SAS ALBY est de :

a- 250 actions   b- 1250 actions   c- 3000 actions   d- Aucune des réponses

2- Le nombre des anciennes actions de la SAS ALBY est de :

a- 250 actions   b- 1250 actions   c- 3000 actions   d- Aucune des réponses

3- Le report à nouveau débiteur correspond aux :

a- Bénéfices des années antérieurs non affectés   b- Déficits des années antérieurs.

4- Légalement, les réserves légales ont pour solde maximum :

a- 10 % du capital social   b- 10 % du capital social libéré   c- 5 % du capital social   d- Aucune des réponses

5- Le montant qui doit être affecté aux réserves légales est de :

a- 7 250 €   b- 500 €   c- 12 500 €   d- Aucune des réponses

6- Le montant qui doit être affecté aux intérêts statutaires est de :

a- 12 500 €   b- 11 875 €   c- 10 000 €   d- Aucune des réponses

7- Il sera offert un super dividende par action de :

a- 120 €   b- 85 €   c- 50 €   d- Aucune des réponses

8- Le montant qui doit être affecté au RAN créditeur est de :

a- 2300 €   b- 230 €   c – 375 €   d- Aucune des réponses

Exercice 93 : QCM (III)

L'entreprise FALLON vous confie l'état de ses immobilisations afin de préparer les travaux d'inventaire au 31/12/N. Il vous est demandé de répondre aux interrogations du directeur financier :

Opération 1 : Le 1 avril N, un véhicule de tourisme acquis au prix en HT de 35 000 €. Le fournisseur accorde une remise de 5 % et un escompte de 10 % pour paiement au comptant.

Quelle est la base amortissable du véhicule ?

    a- 35 000 €   b- 35 910 €   c- 33 250 €   d- Aucune des réponses

Sachant que sa date de mise en service est le 15 avril N, que sa durée probable d'utilisation est de 5 ans et qu'enfin l'entreprise FALLON décide de l'amortir linéairement, **quelle est la dotation de la première année** ?

    a- 5 087,25 €   b- 7 187, 25   c- 7 000 €   d- Aucune des réponses

L'entreprise FALLON dispose d'un avantage fiscal qui lui confère le droit de l'amortir fiscalement sur la même période. **Quelle est le montant de la dotation dérogatoire à enregistrer l'année N.**

    a- 4560 €   b- 4 339,13 €   c- 9 426,25 €   d- Aucune des réponses

Opération 2 : Une machine-industrielle acquise le 15 mars N-2 pour une valeur de 250 000 €. L'amortissement opéré l'entreprise FALLON est linéaire sur une durée de 5 ans à partir du 1 avril N. La cession de cette machine intervient le 1 juillet N pour une valeur de 190 000 € en HT.

Quel est le montant des amortissements cumulés au moment de la cession ?

    a- 45 000 €   b- 38 000 €   c- 112 500€   d- Aucune des réponses

Quel est le montant de la VNC de la machine cédée ?

    a- 185700 €   b- 137 500€   c- 197 000€   d- Aucune des réponses

Quel est le montant de la plus ou moins value réalisée par l'opération ?

    a- 23 200 €   b- 16500 €   c- 52 500 €   d- Aucune des réponses

Ou figure le résultat de cette opération ?

    a- Hors bilan   b- Partie exploitation du TCR   d- Aucune des réponses

Exercice 94 : QCM (IV)

Document 1 : Extrait de l'article 289 du code général des impôts :

''Les *factures électroniques sont émises et reçues sous forme électronique quelle qu'elle soit. Elles tiennent compte des factures d'origine pour l'application de l'article 286 et du présent article. Leur transmission et mise à disposition sont soumises à l'acceptation du destinataire*''

Document 2 :   ''Le cabinet PROCHOFRA propose la QUADRABOX pour échanger en temps réel avec ses clients l'ensemble des documents comptables de leurs dossiers. Dématérialisation totale, temps réel et unicité de l'information sont à l'origine du concept QUADRABOX. Espace d'échange, ou toute la documentation concernant votre entreprise est rassemblée dans un Cloud sécurisé commun.

D'après UE 9 du DCG 2020

L'entreprise SMARTECH souhaite externiser sa comptabilité au cabinet comptable PROCHOFRA. Le cabinet en question travaille avec le logiciel QUADRABOX. Ce logiciel permet une dématérialisation complète de la comptabilité. L'entreprise SMARTECH jouit d'une organisation qui lui permet de conserver l'ensemble de ses documents comptables durant une période de 10 années.

Question 1 : L'entreprise SMARTECH est en conformité avec la loi au regard du délai de conservation des documents comptables et notamment les factures ;

a-Oui   b- Non   c- Aucune des réponses

Question 2 : L'entreprise SMARTECH est en conformité avec la loi de l'émission et la transmission des factures électroniques.

a-Oui   b- Non   c- Aucune des réponses

Question 3 : Comment assurer un caractère définitif quand la comptabilité est tenue de manière informatique ?

a-Par logiciel qui interdit toutes modifications ultérieures à la validation

b-Par impression sur supports papier   c-Aucune des réponses

Question 4 : Quelles sont les qualités attendues des comptes annuels

a-sincérité-image fidèle-régularité   b-Bon sens   c-Savoir faire du comptable.

Question 5 : Justifier l'intérêt d'une tenue de comptabilité générale pour l'entreprise SMARTECH.

a-Obligation légale par le code de commerce

b-Informations détaillées à usage interne

c-Aucune des réponses

Exercice 95 : QCM (V)

L'entreprise de production GAMMA fait l'acquisition d'une machine industrielle d'une valeur de 25 000 €. Le 1 juillet N, la machine est mise en service, sa durée probable d'utilisation est 5 ans et son amortissement prévu est linéaire sur la même durée.

La machine est financée à moitié par une subvention versée de la part des collectivités locales en date du 15 juin N.

Question 1 : La subvention obtenue est une :

a-Subvention d'exploitation   b-Subvention d'investissement   c-Aucune des réponses.

Question 2 : La subvention obtenue est à enregistrer dans :

a-Produits d'exploitation   b-des capitaux propres   c-Aucune des réponses

Question 3 : La dotation à enregistrer au titre de l'année N, pour cette opération sont de :

a-5000   b- 2500   c- Aucune des réponses

Question 4 : La subvention à reprendre au titre de l'année N est de

a-12 500 €   b-2500   c-1250   d-Aucune des réponses

Exercices

Cas pratiques généraux

Exercices : Cas pratiques généraux

Exercice 96 : cas pratique (I)
CAS UE 9, DCG 2022

Traiter les opérations effectuées par la SAS MALO BO, une entreprise de revente de meubles, et de prestations de décoration.

Opération 1 :

Client douteux au 31/12/2020	Créance en HT au 31/12/2020	Dépréciation au 31/12/2020	Constat en 2021
DUCHEMIN	900	150	Règlement de 1080€ enregistré au 15 septembre

Opération 2 : En 2021, le client BERTIN a émis des doutes sut sa capacité à régler la facture de 700€ en HT du 29 octobre, le risque concerne 80% de la créance.

Opération 3 : La SAS MALO BO était en litige avec le client DEGAS pour un retard sur les délais de livraison d'une prestation de décoration réalisée en 2020. Lors de l'inventaire au 31/12/2020, une dépréciation avait été enregistrée pour 550€. Un accord a été trouvé avec le client en 2021 lors d'une conciliation. Ce litige est clos.

L'entreprise SAS MALO BO s'est engagée à émettre un rabais de 400€ en HT sur des miroirs vendus au bénéfice du client DEGAS (Facture d'avoir non encore émise au 31/12/2021).

Opération 4 : La SAS MALO BO devra régler le 15 janvier 2022 la facture n°XZ534 du 5/12/2021 de 9090SEK en HT à son fournisseur de meubles scandinave PERSSON (suède).

Cours de l'euro par rapport à la Couronne suédoise (SEK)

Au 5/12/2021 : 1 EURO = 10 SEK   Au 31/12/2021 : 1 EURO = 9,09 SEK
Au 15/01/2022 : 1 EURO = 9,18 SEK.

Opération 5 : la société SAS MALO BO avait contacté un emprunt dont l'échéance annuelle se situe au 31 mars. L'annuité au 31 mars 2022 se décompose en 1 130 € de remboursement du capital et 240 € de charges d'intérêt.

Exercice 97 : cas pratique (II)

Comptabiliser pour l'entreprise GHOST les opérations effectuées durant le mois de janvier N. effectuer et comptabiliser la décoration de TVA au titre du mois de janvier N.

La SAS GHOST est une entreprise de production de meubles de jardin, elle exerce aussi une activité de décoration de jardins et conception de piscines extérieures. Elle est assujettie au taux de TVA de 20%, et n'a fait aucune option sur les débits. La balance arrêtée au 31/12/N-1 affiche un crédit de TVA de 6000 €.

Date	Opération
02 janvier N	Réception de la facture d'achat de matière première, facture libellée FV256 du fournisseur niçois FAVOR, montant en HT : 258 000 €, remise obtenue de 10 %.
6 janvier N	Etablissement de la facture d'avoir FA-AV1, relative au retour de vente de 20 chaises, prix unitaire 200 € en HT. Une remise de 5 % avait été accordée au client GAMMA.
8 janvier N	Réception de la facture FV 23 fournisseur JOEL, montant : 2500 € en HT. Facture de transport. Le fournisseur JOEL n'a opté pour aucune option en matière de TVA.
10 janvier N	Réception d'un acompte de 24000 € sur une prestation de conception de piscine pour le compte du client SAOUSSAN. Avis de crédit 26.
15 janvier N	Encaissement de 108 000 €, reçu de la part du client ALPHA en paiement de sa facture FV 2365 du 5 décembre N-1. La facture porte sur une prestation de décoration de jardin.
18 janvier N	Facture de vente de 950 000 € de meuble de jardin au client allemand GHABI. FA 26.
20 janvier	Acquisition de matériel industriel pour production auprès du fournisseur espagnol HOLABO. Facture FG / 123. Montant : 360 000 €.

Exercice 98 : cas pratique (III)

Traiter les informations et comptabiliser les opérations qui en découlent :

Pour l'année N :

L'entreprise GABY souhaitant faire un important investissement et ne disposant pas de la trésorerie nécessaire sollicite un emprunt bancaire auprès de son banquier. Le conseiller, au regard des garanties offertes par le directeur financier estime que le financement ne sera possible que dans la limite de 30 % du montant de l'investissement, avec des remboursements annuels constants sur une durée de 5 ans. L'emprunt proposé est au taux de 5 % annuel.

Le directeur financier propose alors de compléter le financement par l'ouverture du capital à de nouveaux actionnaires.

Vous disposez des informations relatives aux opérations financières effectuées durant l'année N :

Investissement : Machine-outil d'une valeur de 1 050 000 €. Date d'acquisition et de mise en service le 1 mars N. Son amortissement sera linéaire sur une durée de 10 ans.

Emprunt : Financement de 30 % du montant de l'investissement, remboursement sur 5 ans par des amortissements constants. Taux applicable 5%. Frais du dossier : 300 euros en HT ; Réception des fonds le 1 février N.

Augmentation du capital : Intervenue le 2 janvier par l'émission de 5000 nouvelles actions au prix d'émission de 250 €. Le capital de la société GABY était composé, avant émission de 15 000 actions (nominal de 100 €, et cours boursier de 250 €). Le minimum légal a été versé le 15 janvier N.

Exercice 99 : cas pratique (IV)

La SAS HOBBIT est spécialisée dans la production et commercialisation des produits finis (P1) à partir de la matière première MP1. La SAS HOBBIT incorpore les frais annexes aux achats aux coûts des achats des matières premières.

Effectuer les calculs, ainsi que les enregistrements comptables nécessaires à la clôture de l'exercice comptable de l'année N.

Durant l'année N, La SAS HOBBIT a effectué plusieurs achats des matières MP1 :

Exercices : Cas pratiques généraux

Le 5 janvier N : Facture d'achat de 36000 unités de la matière MP1 pour un prix de 5 € /l'unité. Frais du transport 300 €. Remise accordée 10 % sur le prix des matières premières.

Le 25 février N : Réception de 45000 unités de matière MP1 valorisées à 225 000 €.

Le 15 mars N : Facture d'achat de 25 000 unités de matière MP1, prix d'achat unitaire 6 €. Remise accordée par le fournisseur de 5 %.

Le 8 novembre N : Réception de 15 000 unités de matières MP1, prix d'achat 5 €, frais de transport 250 €.

La SAS HOBBIT disposait au 1 janvier N de 5000 unités de MP1, valorisées à 27 500 €. Aucune dépréciation n'est constatée pour l'année N-1.

Au 31/12/N, le stock des unités de MP1 encore disponible dans les entrepôts est de 6500 unités. La SAS valorise ses stocks au moyen de CUMP.

Par ailleurs, le DFC vous informe de la possibilité d'une dépréciation des stocks finaux estimée à 5 % de sa valeur globale.

Exercice 100 : cas pratique (V)

Traiter les informations et comptabiliser les opérations qui en découlent :

Pour l'entreprise ALPHA, l'état des créances douteuses arrêté au 31/12/N

Pour l'année N :

Client	Créance fin l'année N-1	Dépréciation en année N-1	Observation
GHOST	144 000	20 %	Encaissement de l'intégralité de la créance.
KAMELIA	12 000	15 %	Réévaluer la dépréciation à 40 %.
ALBY	6600	30 %	Encaissement de 6000 € pour solde.
HOBBIT	6960	10 %	Encaissement de 1 680 €, et réévaluer la dépréciation à 20 %.

Par ailleurs, le client GAMMA fait part par courrier de ses problèmes financiers. Le comptable souhaite déprécier sa créance de 14400 € à hauteur de 20 %.

Exercices : Cas pratiques généraux

Exercice 101 : cas pratique (VI)

D'après examen DCG UE 9 année 2020.

L'entreprise SMARTECH conçoit et installe des systèmes de production d'énergie renouvelables, en France et à l'étranger.

Son activité est soumise au taux de TVA de 20 %, et elle n'a fait aucune option en matière de TVA. Les numéros de TVA intracommunautaires figurent systématiquement sur les documents échangés avec ses partenaires commerciaux.

L'exercice comptable coïncide avec l'année civile.

- A partir des opérations décrites en document 1, identifier et comptabiliser les opérations décrites.

Document 1 : Opérations courantes de l'entreprise SAMRTECH pour le mois de mars N :

Le 4 mars : émission du devis n°AF-17-488 portant sur l'installation photovoltaïque 14 KWC en autoconsommation pour l'entreprise SWEETAIR montant brut en HT : 10 000 €, rabais de 5%.

Le 15 mars : Achat de dispositifs électroniques de puissance auprès du fournisseur chinois JUSICHI (facture CH 8A34) pour un montant de 17 500 CYN ; remise 20 %. Ces dispositifs sont intégrés sans transformations dans les armoires électriques fabriquées par SMARTECH. La TVA est traitée en autoliquidation au taux en vigueur en France. Le taux de change à cette date 1€ pour 10 CYN.

Le 19 mars : Facture n°W450 reçue du transitaire en douanes, relative à la facture CH8A34 du 15 mars. Cette facture comporte les indications suivantes :

Honoraires du transitaire : 200 € en HT   Droits de douanes : 100€ en HT

Le transitaire a opté pour la TVA sur les débits.

Le 20 mars : signature par SMARTECH d'un bon de livraison établi par JUSICHI, suite à la réception des dispositifs électroniques.

Le 22 mars : Règlement par virement bancaire au fournisseur chinois JUSICHI de la facture n°CH8A34 du 15 mars (avis de débit VIR110). Taux de change à cette date 1€ pour 8 CYN.

Exercices : Cas pratiques généraux

Le 23 mars : émission de la facture n°4580

SMARTECH, SAS au capital de 2 002 080 € 69 avenue des Sports 38240 Meylan Facture n°4580 du 11/03/2019		Doit : ST TECHNO 2 rue Dupont 29 000 Quimper.	
Désignation	Quantité	PU HT	Montant
Pose des rais d'intégration	1	5000,00	5 000
Raccordement du système	1	500,00	500
		Montant Brut	5 500
		Escompte à 2 %	(110)
		Net financier	5 390
	Sous déduction de l'acompte du 20 février		(1200)
	Net à payer (sous 30 jours)		5 268,00

Le 25 mars : Réception de la facture A320 du fournisseur BOURGEOIS, à régler sous 30 jours. Elle comprend l'achat des panneaux garantie 30 ans pour un montant total de 7200 en HT. Ces panneaux sont livrés dans 10 palettes consignées à 30 € la palette (cette consignation n'est pas soumise à la TVA). L'entreprise utilise les comptes de charges par nature, pour enregistrer les frais accessoires. Les panneaux solaires sont enregistrés en état par SMARTECH lors de leur installation chez les clients.

Le 27 mars : Avis de crédit C306 relatif à la facture du 23 mars.

Le 30 mars : Facture d'avoir AV320 reçue du fournisseur BOURGEOIS pour déconsignation des 10 palettes cosignées le 25 mars. Ces palettes ayant été détériorées lors du transport, elles sont déconsignées au prix de 15 €/ palette.

Corrigés des exercices
Opérations courantes

Corrigé de l'exercice 1

Journal des opérations courantes, entreprise KAMELIA. Mois de janvier N

Numéro de compte	Désignation	Débit	Crédit
607.	Achat de marchandise	34 000	
44566.	TVA déductible sur ABS	6 800	
401.	Fournisseur de B/S		40 800
	Journal des achats au 2 janvier N [Facture FA 340]		
607.	Achat de marchandise	56 000	
44566.	TVA déductible sur ABS	11 200	
401.	Fournisseurs de B/S		67 200
	Journal des achats au 4 janvier N [Facture FA 56]		
707.	Vente de marchandises		134 000
44571.	TVA collectée		26 800
411.	Client	160 800	
	Journal des ventes au 5 janvier N [Facture FA 45]		
512.	Banque	160 800	
411.	Client		160 800
	Journal de banque au 5 janvier N		
607.	Achat de marchandise	67 000	
401.	Fournisseur de B/S		67 000
44566.	TVA déductible sur ABS	13 400	
4452.	TVA intracom due		13 400
	Journal des achats au 10 janvier N [Facture FA 12]		

401.		Fournisseur de ABS	67 000	
	512.	Banque		67 000
		Journal de Banque au 10 janvier N		
411.		Client	456 000	
	707.	Vente de marchandise		456 000
		Journal des ventes au 15 janvier N [Facture FA 57]		
401.		Fournisseurs d'ABS	40 800	
	512.	Banque		40 800
		Journal de Banque au 17 janvier N [virement réf : 367]		

Corrigé de l'exercice 2

Journal des opérations courantes, entreprise KAMELIA. Mois de février N

Numéro de compte		Désignation	Débit	Crédit
607.		Achat de marchandise	50 000	
44566.		TVA déductible sur B/S	10 000	
4096.		Fournisseurs- créance sur emballages	1 500	
	401.	Fournisseurs de B/S		61 500
		Journal des achats au 2 /2 [Facture F345]		
401.		Fournisseur de ABS	1 320	
6136.		Malis sur retour d'emballage	150	
44566.		TVA déductible sur ABS	30	
	4096.	Fournisseurs- créance sur emballages		1 500
		Journal des achats au 6/02 [Facture d'avoir FA 12]		
411.		Client	77 380	
	707.	Vente de marchandise		63 650
	44571.	TVA collectée		12 730
	4196.	Client-dette sur emballages consignés		1 000
		Journal des ventes au 15/02 [Facture de vente]		

4196.	Client-dette sur emballages consignés	1 000	
7086.	Bonis sur retour d'emballage		30
7088.	Autres produits		250
44571.	TVA collectée		56
411.	Client		664
	Journal des ventes au 20/02 **[Facture d'avoir]**		

Corrigé de l'exercice 3

Coût d'acquisition de l'immobilisation :

Prix d'achat du camion	60 000
(Moins) Remise à 10 %	(6 000)
= **Net commercial**	**54 000**
(Moins) Escompte à 5 %	(2 700)
= **Net financier**	**51 300**
(Plus) Frais de transport	4 000
Montant en HT	**55 300**
TVA déductible sur immobilisation	11 060
Montant en TTC	**66 360**

Journal des immobilisations au 5 mars N [Facture FA45 LABY]

Numéro de compte	Désignation	Débit	Crédit
2182.	Matériel de transport	55 300	
44562.	TVA déd. Sur immo	11 060	
6156.	Maintenance	1 500	
44566.	TVA déd. Sur ABS	300	
404.	Fournisseur d'immobilisation		68 160

Corrigé de l'exercice 4

Facture d'avoir N °1 Client GHOST (retour de marchandises)	
Montant en HT	**56 000 €**
Remise à 5 %	(2800)
Net commercial	53 200 €
TVA à 20 %	10 640 €
Montant en TTC	**63 840 €**

Journal des ventes avril N [Facture d'avoir 1 client GHOST]

Numéro de compte	Désignation	Débit	Crédit
707.	Vente de marchandises	53 200	
44571.	TVA collectée	10 640	
411.	Client		63 840

Calcul du montant de la ristourne à accorder au client LABY :

	De 0 à 15000 €	De 15000 € à 30 000 €	De 30 000 € à 45 000 €	Supérieur à 45 000 €	Total
CA	15 000	15 000	15 000	3 000	48 000
Ristournes-en %	0%	5%	7%	9%	
Ristournes-en €	0	750	1 050	270	2 070

Facture d'avoir N °2 Client LABY (Ristournes accordées)	
Ristournes	2 070
TVA à 20 %	414
Montant en TTC	**2 484**

Journal des ventes avril N [Facture d'avoir 2 : client LABY]

Numéro de compte	Désignation	Débit	Crédit
7097.	RRR. Accordés	2 070	
44571.	TVA collectée	414	
411.	Client		2 484

Corrigé de l'exercice 5

Numéro de compte	Désignation	Débit	Crédit
641.	Salaires et traitements	65 000	
421.	Salariés-salaires à payer		55 250
431.	Sécurité sociale		9 750
	Journal de paie au 31 mars N [enregistrement des salaires]		
645.	Charges sociales	16 250	
431.	Sécurité sociale		16 250
	Journal de paie au 31 mars N [enregistrement des charges sociales]		

421.		Salariés-salaires à payer	55 250	
	512.	Banque		55 250
		Journal de Banque au 31 mars N [Paiement des salaires]		

Corrigé de l'exercice 6

Numéro de compte		Désignation	Débit	Crédit
411.		Client	450 000	
	707.	Vente de marchandise		450 000
		Journal des ventes, au 1/5/N. Facture FA 34		
		Le 5 mars, acceptation de la LCR magnétique : aucune écriture		
		Le 10 mai, présentation de la LCR magnétique à l'escompte : aucune écriture		
512.		Banque	449 440	
661.		Intérêts	500	
627.		Frais bancaires	50	
44566.		TVA déductible sur ABS	10	
	519.	Concours bancaire		450 000
		Journal de banque au 12/05		
519.		Concours bancaire	450 000	
	411.	Client		450 000
		Journal de banque, au 1 aout [échéance de la traite]		

Corrigé de l'exercice 7

Conversion de la dette aux différentes dates

Dette en $	Dette en € au 1 mai	Dette au 30 mai	Gain de change
123 000 $	63 076,92 €	62 436,54 €	640,38 €

Conversion de la créance aux différentes dates

Créance en $	Créance en € au 10 mai	Créance au 20 mai	Perte de change
450 000 $	236 842,10 €	229 591,83 €	7 250,27 €

Journal de l'entreprise KAMELIA

Numéro de compte	Désignation	Débit	Crédit
607.	Achat de marchandise	63 076,92	
401.	Fournisseurs de ABS		63 076,92
44566.	TVA déductible sur ABS	12 615,38	
4452.	TVA intracom. due		12 615,38
	Journal des achats, au 1/05/N[Facture 89]		
411.	Client	236 842,10	
707.	Vente de marchandise		236 842,10
	Journal des ventes, au 10/05/N[Facture 56]		
512	Banque	229 591,83	
667.	Perte de change	7 250,27	
411.	Client		236 842,10
	Journal de banque, au 20/05/N		
401	Fournisseur de ABS	63 076,92	
512.	Banque		62 436,54
767.	Gain de change		640,38
	Journal de banque au 30/05/N		

Corrigé de l'exercice 8

1- La TVA sur les factures d'importation doit être auto liquider. Le montant est calculé en se basant sur les taux en vigueur dans le pays importateur. En France le taux commun est 20 %. TVA = Montant de l'achat * taux.

L'écriture est la suivante :

Numéro de compte	Intitulé du compte	Débit	Crédit
44566.	TVA déductible sur ABS	TVA	
4453.	TVA due sur importation		TVA

2- Le transitaire n'ayant pas opté pour la TVA sur les débits, la TVA est exigible lors de l'encaissement. Il faut enregistrer une TVA en attente [au lieu d'une TVA déductible sur ABS]

Numéro de compte	Désignation	Débit	Crédit
607	Achat de marchandise	56 000	
6241.	Transport sur achat	4 000	
401.	Fournisseur de ABS		60 000
44566.	TVA déductible sur ABS	12000	
4453.	TVA due sur importation		12000
	Journal des achats au 1 juin, FA 456		
6353.	Frais douanes	400	
4458.	TVA en attente	80	
6224.	Frais transitaires	250	
4458.	TVA en attente	50	
401.	Fournisseur de ABS		780
	Journal des achats au 15 juin N, [FA 23]		

Corrigé de l'exercice 9

Numéro de compte	Désignation	Débit	Crédit
601.	Achat de MP	2 700	
44566.	TVA déductible sur ABS	148,5	
4096.	Fournisseur-Créance sur emballage consigné	250	
401.	Fournisseur de ABS		3 098,5
	Journal des achats, au 2 janvier [FA 10]		
401.	Client	19 000	
707.	Vente de produits finis		19 000
	Journal des ventes, au 5 janvier [FA 12]		
6226.	Honoraires	1 000	
4458.	TVA en attente	200	
401.	Fournisseur de ABS		1 200
	Journal des achats, au 10 janvier N		
	Au 15 janvier, remise de la LCR magnétique : aucune écriture.		
512.	Banque	18 664	
661.	Intérêts financiers	300	
627.	Frais bancaires	30	
44566.	TVA déductible sur ABS	6	
519.	Concours bancaires		19 000
	Journal de banque, au 20 janvier N [LCR14]		
701.	Vente de produits finis	9500	
411.	Client		9500
	Journal des ventes, au 25 janvier N [Avoir 1]		
401.	Fournisseur de ABS	130	
6136.	Mali de déconsignation	100	
44566.	TVA déductible sur ABS	20	
4096.	Fournisseur-Créance sur emballage consigné		250
	Journal des achats, au 30 janvier N[avoir n°12]		

Corrigé de l'exercice 10

Numéro de compte	Désignation	Débit	Crédit
601.	Achat de MP	3 500 000	
4091.	Fournisseur-avances		1 500 000
401.	Fournisseur de ABS		2 000 000
44566.	TVA déductible sur ABS	350 000	
4453.	TVA due sur importation		350 000
	journal des achats, au 3 janvier N [FA340]		
601.	Achat de MP (frais transport)	5 000	
44566.	TVA déductible sur ABS	1 000	
601.	Achat de MP (frais du transitaire)	1 200	
44566.	TVA déductible sur ABS	240	
401.	Fournisseur de ABS		7440
	Journal des achats, au 15 janvier N [FA 678]		

La facture du transitaire porte la mention ''TVA sur les Débits'' La TVA est donc exigible sur les livraisons [facturation]

Corrigés des exercices
Déclaration de TVA

Corrigé de l'exercice 11
Journal de banque, au 16 janvier, chq 3457

Numéro de compte	Désignation	Débit	Crédit
4091.	Fournisseur-avance versés sur commandes	1 240	
512.	Banque		1 240
44566.	TVA déductible sur ABS	206,67	
4458.	TVA en attente de régularisation		206,67

*Montant de la TVA = (1240/1,2)*0,2*

Corrigé de l'exercice 12
Journal des achats, au 5 mars N, FA 345 fournisseur ABC

Numéro de compte	Désignation	Débit	Crédit
2182.	Matériel de transport	38 500	
404.	Fournisseur d'immobilisation		38 500
2182.	Matériel de transport	7 700	
404	Fournisseur d'immobilisation		7 700

La TVA est non déductible, pour les voitures de tourisme

Corrigé de l'exercice 13

Journal des achats, au 5 mars N, FV 34fournisseur LOTO

Numéro de compte	Désignation	Débit	Crédit
2182.	Matériel de transport	50 000	
404.	Fournisseur d'immobilisation		50 000
2182.	Matériel de transport	10 000	
4452.	TVA intracom. Due		10 000

La TVA est non déductible, pour les voitures de tourisme

Corrigé de l'exercice 14

TVA due au titre de l'exercice N-1 = 8000 €

Numéro de l'acompte	Date de versement	Calcul	Montant de l'acompte
1er acompte	Juillet N	55% de la TVA due au titre de N-1	4 400
2éme acompte	Décembre N	40 % de la TVA due au titre de N-1	3 200
		Total	7 600

Comptabilisation des acomptes versés

Numéro de compte	Désignation	Débit	Crédit
44581.	TVA-acompte versé	4 400	
512.	Banque		4 400
	Journal de banque, juillet N		
44581.	TVA-acompte versé	3 200	
512.	Banque		3 200
	Journal de banque, 09/N		

Corrigé de l'exercice 15

Déclaration de TVA au titre de l'année N, entreprise ALPHA

TVA collectée	25 000
TVA déductible	15 000
TVA due au titre de l'année N	**10 000**
Acomptes versés au titre de l'année N	7 600
TVA à régulariser	**2 400**

Comptabilisation de la déclaration annuelle de TVA

Numéro de compte	Désignation	Débit	Crédit
44571.	TVA collectée	25 000	
44581.	TVA-acompte versé	7 600	
44566.	TVA déductible sur ABS		15 000
44551.	TVA à payer		2 400
	Journal des OD, au 2 mai N+1		

Corrigé de l'exercice 16

Journal de l'entreprise LABY

Numéro de compte	Désignation	Débit	Crédit
607.	Achat de marchandise	45 000	
401.	Fournisseur de ABS		45 000
44566.	TVA déductible sur ABS	9 000	
4452.	TVA intracom. Due		9 000
	Journal des achats, au 15 mars N [FA 567 GAMMA]		

Numéro de compte	Désignation	Débit	Crédit
707.	Vente de marchandise		125 000
411.	Client	125 000	
	Journal des ventes, au 25 mars N [FA 123 client HOBALO]		

Pas de TVA collectée sur les factures de vente intracommunautaires.

Corrigé de l'exercice 17

Justifier par des arguments que l'entreprise GAMMA peut opter pour le régime simplifié de déclaration en matière de TVA

Les conditions, qui permettent à une entreprise d'opter pour ce régime de déclaration sont :

Condition *de chiffres d'affaires* :

- Un chiffre d'affaires compris entre 85 800 € et 818 000 € : pour les activités de ventes.

Condition de TVA exigible :
- La TVA due inférieure à 15 000 €

L'entreprise a réalisé en N-1 un chiffre d'affaires de 350 000 € en HT, et une TVA exigible de 14 500 €. L'entreprise est donc est soumise de plein droit à ce régime de déclaration.

1- Calcul des acomptes de TVA

TVA acquittée au titre de l'année N-1   14 500 €

Acomptes	Date	Calcul	Montant
1er acompte	Juillet N	55% de la TVA due au titre de l'année N-1	7 975 €
2ème acompte	Décembre N	40% de la TVA due au titre de l'année N-1	5 800 €
		Total	13 775 €

2- Enregistrement des écritures des acomptes :

Juillet N : Journal de Banque

Numéro de compte	Désignation des comptes	Débit	Crédit
44581.	TVA- acomptes versés	7 975	
512..	Banque		7 975
	1er acompte de TVA, année N		

Décembre N : Journal de Banque

Numéro de compte	Désignation des comptes	Débit	Crédit
44581.	TVA- acomptes versés	5 800	
512..	Banque		5 800
	2ème acompte de TVA, année N		

3- Déclaration de TVA au titre de l'année N

L'entreprise ayant une activité de livraison de biens, elle est soumise de plein droit à la TVA sur les débits.

La TVA exigible est celle qui a été facturée

TVA exigible	Base	TVA à 20 %
TVA collectée	Chiffre d'affaires en HT 514 000 /1,2 = 428 333,33 €	85 666,66 €
TVA intracommunautaire due	Acquisition : 120 000 €	24 000 €
	Total de la TVA exigible	**109 666,67€**

TVA déductible

Opérations	Déductibilité	Calcul	TVA déductible
Achat de marchandises en France	A la facture. Achat facturé	(380 000/1,2)*20%	63 333,34€
Acquisition intracommunautaire	La livraison, la facturation	120 000 *0,2	24 000 €
Achat de prestation (Prestataires ayant opté pour la TVA sur les débits)	La livraison, la facturation	(35 000 /1,2)*20%	5 833,33 €
Achat de prestation (Prestataires n'ayant pas opté pour la TVA sur les débits)	Les paiements, les décaissements	(15 900€/1,2)*0,2	2 650€
Véhicule de tourisme	Non déductible	/	/
		Total de la TVA déductible	**95 816,67€**

Déclaration de la TVA

TVA exigible	109 666,67€
TVA déductible	(95 816,67€)
Acomptes versés	(13 775 €)
Solde (TVA due)	**75 €**

Comptabilisation au journal des opérations diverses, au 2 mai N+1

Numéro de compte	Intitulé du compte	Débit	Crédit
44571.	TVA collectée	85 666,66	
44520.	TVA due Intracom.	24 000	
44566.	TVA déductible sur ABS		63 333,34
445662.	TVA déductible Intracom		24 000
44581.	TVA acomptes versés		13 775
44551.	TVA à payer		75
	Déclaration de la TVA, au titre de l'exercice N		

Corrigé de l'exercice 18

Déclaration de TVA au titre du mois de mai N, entreprise DECO'JARDIN

TVA exigible		TVA déductible	
TVA intracom.	6 400	TVA déd sur ABS	56 700
TVA collectée	117 200	TVA déd. Sur immobilisations	1 200
		Crédit de TVA	800
Total TVA exigible	**123 600**	**Total TVA déductible**	**58 700**
Solde (TVA à décaisser) : 64 900 €			

*La TVA en attente, n'est jamais prise en compte pour les déclarations

Comptabilisation au journal des OD, au 20 juin N

Numéro de compte	Désignation	Débit	Crédit
445200.	TVA intracom. Due	6 400	
44571.	TVA collectée	117 200	
44562.	TVA déd. Sur immo		1 200
44566.	TVA déd. Sur ABS		56 700
44567.	Crédit de TVA		800
44551.	TVA à décaisser		64 900

Corrigé de l'exercice 19

L'entreprise GHOST est une entreprise de service, et elle n'a pas opté pour l'option sur les débits en matière de TVA. La TVA est donc exigible à l'encaissement.

Numéro de compte	Désignation	Débit	Crédit
411.	Client	27 600	
706.	Prestations de services		23 000
4458.	TVA en attente		4 600
	Journal des ventes, au 2 mars N [FA 234]		

Journal de l'entreprise GHOST (suite) : Montant de la TVA : (6000 /1,2) * 20%

Numéro de compte	Désignation	Débit	Crédit
512.	Banque	6 000	
4191.	Client-acompte versé		6 000
4458.	TVA en attente	1 000	
44571.	TVA collectée		1 000
	Journal de banque, au 5 mai N [réception d'acompte]		
512.	Banque	27 600	
411.	Client		27 600
4458.	TVA en attente	4 600	
44571.	TVA collectée		4 600
	Journal de banque, au 30 mai N [encaissement facture FA 234]		
411.	Client	54 000	
4191.	Client-acompte versés	6 000	
706.	Prestation de service		50 000
4458.	TVA en attente		10 000
	Journal des ventes, au 30 mai N [FV 345]		

Corrigé de l'exercice 20

		Processus de vente		
		Réception d'un acompte	Facturation/ livraison	Encaissement de la créance
	Livraison de biens	*Exigible	Exigible	Non exigible
	Vente de prestation de services (sans option)	Exigible	Non exigible	Exigible
Type d'activité	Vente de prestation de services (sans option)	Exigible	Exigible	Non exigible

Corrigés des exercices
Opérations bancaires et financières

Corrigé de l'exercice 21

Journal de l'entreprise LABY

Numéro de compte	Désignation	Débit	Crédit
261.	Titres de participation	50 000	
627.	Frais bancaires	1 000	
44566.	TVA déd. Sur ABS	2 00	
512.	Banque		51 200
	Journal de banque, au 5 mai [avis de débit 23456]		
503.	Actions (VMP)	10 000	
627.	Frais bancaires	250	
44566.	TVA déd. Sur ABS	50	
512.	Banque		10 300
	Journal de banque, au 13 juin [avis de débit 5672]		
2721.	Obligations	4 000	
627.	Frais bancaires	80	
44566.	TVA déd. Sur ABS	16	
512.	Banque		4096
	Journal de banque, au 18 juin [avis de débit 45]		

Corrigé de l'exercice 22

Prix d'acquisition des titres ACCOR (10 000 € /500) = 20 €

Numéro de compte	Désignation	Débit	Crédit
512.	Banque	7 464	
627.	Frais bancaires	30	
44566.	TVA déductible sur ABS	6	
503.	Actions		6 000
767.	Produits nets, cession VMP		1 500
	Journal de banque AV 345		
512.	Banque	2 964	
627	Frais bancaires	30	
44566.	TVA déductible sur B/S	6	
667.	Charges nettes, cession	1000	
503	Actions		4 000
	Journal de banque, au 10/07 [avis de crédit 789]		

Corrigé de l'exercice 23

Journal de banque l'entreprise KAMELIA au 1 mars N

Numéro de compte	Désignation	Débit	Crédit
512.	Banque	43 800	
627.	Frais bancaires	1 000	
44566.	TVA déd. Sur ABS	200	
164.	Emprunts		45 000

Corrigé de l'exercice 24

Calcul de l'annuité constante : **Annuité = 12 397,05 €**

A = (C*t)/(1-(1+t))^-n   A = (45 000*0,04)/(1-1,04^-4)

Calcul du taux effectif (TAEG) : **TAEG = 4,96 %**

12 397,05 = (**44 000***TAEG) /(1-(1+TAEG^-4)) *[résolution Excel]*

Comptabilisation de la première annuité :

Année	Capital dû	Annuité	Amortissement	Intérêt
N	45 000	12 397,05	10 597,05	1 800

Journal de banque l'entreprise KAMELIA au 2 mars N+1

Numéro de compte	Désignation	Débit	Crédit
164.	Emprunt	10 597,05	
661.	Intérêt	1 800	
512.	Banque		12 397,05

Corrigé de l'exercice 25

Capital emprunté : 5 000 €   Durée : 18 mois   Remboursement par amortissements constants. Taux annuel = 12 %, taux mensuel équivalent : 1 % [remboursement mensuel il faut utiliser un taux mensuel]

Remboursement constant = 18 000 /18 = 1000 €

Tableau de remboursement de l'emprunt

Année	Capital du	Mensualité	Amortissement	Intérêt
N	18 000	1180	1 000	180

Journal de banque au 15 mars N

Numéro de compte	Désignation	Débit	Crédit
164.	Emprunt	1 000	
661.	Intérêts	180	
512.	Banque		1180

Corrigé de l'exercice 26

Calcul des montants des découverts bancaires (**Intérêt = Découvert * taux * nombre de jours** *)/360 jours*

Période	Du 1 avril au 6 avril	Du 6 au 10 Avril
Nombre de jours	6 jours	4 jours
Montant du découvert	32 000 €	2000 € (car versement de 30 000 € provenant de la caisse)
Coûts (intérêts)	53,33 €	2,22 €

Journal de banque du mois d'avril

Numéro de compte	Désignation	Débit	Crédit
512.	Banque	30 000	
58.	Virement interne		30 000
512.	Banque	45 000	
411.	Client		45 000
58.	Virement interne	15 000	
512.	Banque		15 000
661.	Intérêts	55,55	
512.	Banque		55,55

Journal de caisse Mois d'avril N

Numéro de compte	Désignation	Débit	Crédit
58.	Virement interne	30 000	
531.	Caisse		30 000
531.	Caisse	15 000	
58.	Virement interne		15 000

Corrigé de l'exercice 27

Justifier la différence des soldes initiaux entre les deux documents financiers :

La différence des soldes provient du CHQ 23876, qui figurait déjà dans la comptabilité de l'entreprise au 31 octobre N, mais n'a été débité du relevé bancaire qu'en date du 5 novembre.

Pointage des documents financiers

Opérations qui figurent sur le relevé bancaire, mais pas sur le grand livre		Opérations qui figurent sur le grand livre, mais pas sur le relevé bancaire	
Achat VMP	12 564,00	CHQ 23875	968,45
Coupons	174,00	Salaires	11 189,00
SFR	234,76	CHQ FRANCAS	12 437,89
Frais de compte	29,90	CHQ KALYPS	9 851,51
Domiciliation	4 561,76		
Découvert	45,00		
Intérêt	56,07		
Commissions	13		
TVA	2,6		

Rapprochement bancaire au 31 novembre N

Grand livre du 512001			Relevé bancaire Crédit Lyonnais		
	Débit	Crédit		Débit	Crédit
Solde au 30/11	16 455,39		Solde au 30/11		1 428,25
Achat VMP		12 564,00	CHQ 23875	968,45	
Intérêt		56,07	Salaires	11 189	
Commissions		13	CHQ Client		9 851,51
TVA		2,6			
SFR		234,76			
Frais compte		24,91			
TVA		4,99			
Intérêt		45			
Domici.Echues		4 561,76			
Coupons	174,00				
Total	16 629,39	17 507,09	Total	12 157,45	11 279,75
Solde créditeur		**877,70**	**Solde débiteur**		**877,70**

Journal de Banque au 30 novembre N (Ecritures de régularisation)

Numéro de compte		Désignation	Débit	Crédit
503.		Actions (VMP)	12 564,00	
661.		Intérêts	56,07	
627.		Frais bancaires	13	
44566.		TVA déd. Sur les frais bancaires	2,6	
626.		Frais de téléphone	234,76	
627.		Frais bancaires	24,91	
44566.		TVA déd. Sur les frais	4,99	
661.		Intérêts	45	
401.		Fournisseurs de ABS	4561,76	
	512.	Banque		17 333,09
	761.	Revenus des VMP		174,00

Les soldes figurant sur les documents au 1 décembre : Relevé bancaire [solde créditeur de 1 428,25 €]. Le Grand livre du 512001 [Solde créditeur de 877,70 €] ;

Corrigé de l'exercice 28

Journal de l'entreprise ALHPA

Numéro de compte	Désignation	Débit	Crédit
512.	Banque	764	
627.	Frais bancaires	30	
44566.	TVA déductible sur ABS	6	
764.	Revenus des VMP		800
	Journal de banque, au 23 octobre N		
512.	Banque	10 000	
7611.	Revenus des titres de participation		10 000
	Journal de banque, au 25 octobre N		

Corrigé de l'exercice 29

Modalités de l'emprunts   taux : 10 %   Capital : 50 000   Nbr de périodes : 3

1- Amortissements constants = [60 000 /3] [Le moins d'intérêt, la moins chère]

Années	Capital dû	Annuités	**Amortissements**	Intérêt
N	60 000	26 000	**20 000**	6 000
N+1	40 000	24 000	**20 000**	4 000
N+2	20 000	22 000	**20 000**	2 000

2- Annuités constantes : 24 126,88 €   (60 000 *10%)/(1-(1,1)^-3)

[Des décaissements constants, facilité de suivi de la trésorerie.]

Années	Capital dû	**Annuités**	Amortissements	Intérêt
N	60 000	**24 126,88**	18 126,88	6 000
N+1	41 873,12	**24 126,88**	19 939,56	4 187,31
N+2	21 933,55	**24 126,88**	21 933,55	2 193,35

3- Amortissement infine : Décaissements les plus tardifs possibles.

Années	Capital dû	Annuités	Amortissements	Intérêt
N	60 000	6 000	0	6 000
N+1	60 000	6 000	0	6 000
N+2	60 000	66 000	60 000	6 000

*Intérêts = (45 000 *5 %)*(76/360)

Corrigé de l'exercice 30

Journal de l'entreprise GHOST

Numéro de comptes		Désignation	Débit	Crédit
413.		Client, effets à recevoir	45 000	
	411.	Client		45 000
		Journal des ventes, au 1 mars N [acceptation LCR]		
5114.		Effets remis à l'escompte	45 000	
	413.	Client, effets à recevoir		45 000
		Journal des ventes, au 17 mars N [Remise à l'escompte de la LCR]		
512.		Banque	44 489	
661.		Intérêt	475	
627.		Frais bancaires	30	
44566.		TVA déductible sur ABS	6	
	5114.	Effets remis à l'escompte		45 000
		Journal de Banque au 17 mars N		

Du 17 mars au 1 juin, il faut compter : 76 jours

*Escompte = (76 jours * 45 000 € * 5%)/360 jours soit 475 € d'intérêts financiers.*

Corrigés des exercices
Inventaire des immobilisations

Corrigé de l'exercice 31

Calcul de la base amortissable = Prix achat + frais accessoires − les remises − les escomptes   **Base amortissable = 61 465 €**

Prix d'achat du camion	68 000
Remise à 10 %	(6 800)
Net commercial	61 200
Frais d'installation	3 500
Total	64 700
Escompte à 5 %	(3 235)
Net financier	61 465
TVA à 20 %	12 293
Total en TTC	**73 758**

Comptabilisation au : Journal des achats au 4 juin N, Facture FA 567 SARL EQUIP

Numéro de compte	Désignation	Débit	Crédit
2182.	Matériel de transport	61 465	
44562.	TVA déd. Sur immo	12 293	
404.	Fournisseur d'immobilisation		73 758

Corrigé de l'exercice 32

Plan d'amortissement économique (linéaire) Base : 61 465   Durée : 4 ans   Date de mise en service : 4/06/N   PRORATA Temporis de l'année N (206 jours /360)

Années	Base amortissable	Dotation de l'année	Cumul des amortissements	Valeur nette comptable
N	61 465	8 792,91	8 792,91	52 672,09
N+1	61 465	15 366,25	24 159,16	37 305,84
N+2	61 465	15 366,25	39 525,41	21 939,59
N+3	61 465	15 366,25	54 891,66	6 573,34
N+4	61 465	6 573,34	61 465	0

Comptabilisation au : Journal des Immobilisations au 31/12/N

Numéro de compte	Désignation	Débit	Crédit
681.	Dotation aux amortissements	8 792,91	
28182.	Amort. Matériel de transport		8 792,91

Corrigé de l'exercice 33

Plan d'amortissement Fiscal (Dégressif) Base : 61 465 Durée : 4 ans
Date début : 1/06/N taux = 1,25 /4 = 31,25% Prorata temporis année N (7mois /12)

Années	Base amortissable	Dotation de l'année	Cumul des amortissements	Valeur nette comptable
N	61 465	11 204,55	11 204,55	50 260,44
N+1	50 260,44	16 753,48	27 958,03	33 506,96
N+2	33 506,96	16 753,48	44 711,52	16 753,48
N+3	16 753,48	16 753,48	61 465	0

A partir de l'année N+1, le taux linéaire est supérieur au taux dégressif

Années	Dotation économique	Dotation fiscale	Amortissement dérogatoire	
			Dotation dérogatoire	Reprise dérogatoire
N	8 792,91	11 204,55	2 411,64	
N+1	15 366,25	16 753,48	1 387,23	
N+2	15 366,25	16 753,48	1 387,23	
N+3	15 366,25	16 753,48	1 387,23	
N+4	6 573,34			6 573,34

Comptabilisation au : Journal des Immobilisations au 31/12/N

Numéro de compte	Désignation	Débit	Crédit
687.	Dotation exceptionnelle	2 411,64	
145.	Amortissement dérogatoire		2 411,64

Corrigé de l'exercice 34

Calcul de la dotation de l'année N+2 : Date de cession : 15 janvier N+2
(61465 /4)*15/360 = 640,26

Années	Base amortissable	Dotation de l'année	Cumul des amortissements	Valeur nette comptable
N	61 465	8 792,91	8 792,91	52 672,09
N+1	61 465	15 366,25	24 159,16	37 305,84
N+2	61 465	**640,26**	**24 799,42**	**36 665,58**

Les amortissements dérogatoires à reprendre :

Années	Dotation économique	Dotation fiscale	Amortissement dérogatoire	
			Dotation dérogatoire	Reprise dérogatoire
N	8 792,91	11 204,55	2 411,64	
N+1	15 366,25	16 753,48	1 387,23	
N+2				3 798,87

*Tous les amortissements dérogatoires enregistrés sont repris, le plan initial n'est plus valide en cas de cession

Journal

Numéro de compte	Désignation	Débit	Crédit
462.	Créance sur cession d'immobilisation	18 720	
775.	PCEAC		15 600
44571.	TVA collectée		3 120
	Journal des OD au 15/01/N+2 (Cession du camion)		
681.	DAP d'exploitation	640,26	
28182.	Amortissement matériel transport		640,26
	Journal des immo au 31/12/N (Dotation économique)		
145.	Amortissement dérogatoire	3 798,87	
787.	RAP exceptionnelle		3 798,87
	Journal des immo au 31/12/N (Reprise de l'amort. Dérogatoire)		
28182.	Amortissement matériel transport	24 799,42	
675.	VNCEAC	36 665,58	
2182.	Matériel de transport		61 465
	Journal des immo au 31/12/N (Sortie d'actif du camion)		

Corrigé de l'exercice 35

Plan d'amortissement de la machine industrielle :
Base amortissable : 45 000   Amortissement économique : selon les UO

Taux = Nbr des UO de l'année /Nbr global des UO

Années	Base amortissable	Taux	DAP de l'année	Cumul des amortissements	VNC
N	45 000	25%	11 250	11 250	33 750
N+1	45 000	25%	11 250	22 500	22 500
N+2	45 000	15%	6 750	29 250	15 750
N+3	45 000	15%	6 750	36 000	9 000
N+4	45 000	20%	9 000	45 000	0

Taux = Nombre des unités d'œuvre de l'année / nombre des unités d'œuvre total

DAP = Base amortissable * Taux

Comptabilisation au : Journal des Immobilisations au 31/12/N

Numéro de compte	Désignation	Débit	Crédit
681.	Dotation aux amortissements	11 250	
28154.	Amort. Matériel industriel		11 250

Corrigé de l'exercice 36

Désignation de la valeur actuelle : C'est la plus élevée entre la valeur d'usage et la valeur vénale. ***Valeur actuelle = 20 000***

Calcul de la dépréciation en année N+1 car (VNC >VA)

	Valeur actuelle	Valeur nette comptable	Dépréciation
Année N+1	20 000	22 500	2 500

Comptabilisation au : Journal des Immobilisations au 31/12/N+1

Numéro de compte	Désignation	Débit	Crédit
681.	DAP d'exploitation	2 500	
29154.	Dépréciation Matériel industriel		2 500

Corrigé de l'exercice 37

Calcul de la DAP de l'année N+1 (ancienne machine)

Années	Base amortissable	Taux	DAP de l'année	Cumul des amortissements	Dépréciation	VNC
N	45 000	25%	11 250	11 250		33 750
N+1	45 000	25%	11 250	22 500	2 500	20 000
N+2	42 500	12%	5 100	27 600		14 900

*Taux en année N-2 = (15M*80%)/100 M   *Base en N+2 = Base en N+1 – Dépréciation

Ecritures à enregistrer pour l'ancienne machine

Comptabilisation au : Journal des Immobilisations au 31/12/N+2

Numéro de compte	Désignation	Débit	Crédit
29154 . 781.	Dépréciation matériel industriel RAP d'exploitation	2 500	2 500
681. 28154.	DAP d'exploitation Amort. Matériel industriel	5100	5100
675. 28154. 2154.	VNCEAC Amort. Matériel industriel Matériel industriel	17 400 27 600	45 000

Calcul de la base amortissable de la nouvelle machine :

Prix en HT	65 000
Coûts de démantèlement de l'ancienne machine	650
Coûts d'installation de la nouvelle machine	4500
Formation du personnel	Ne compte pas
Base amortissable	**70 150**

Corrigé de l'exercice 38

Comptabilisation au : Journal des Immobilisations au 31/12/N

Numéro de compte	Désignation	Débit	Crédit
232. 721.	Immo. incorporelles en cours Production de l'E pour elle même	178 500	178 500

Comptabilisation au : Journal des Immobilisations au 31/12/N+1

Numéro de compte	Désignation	Débit	Crédit
208. 232. 721.	Logiciels Immo. incorporelles en cours Production de l'E pour elle même	459 000	178 500 280 500

Comptabilisation au : Journal des Immobilisations au 31/12/N+1

Numéro de compte	Désignation	Débit	Crédit
681. 2808.	DAP d'exploitation Amortissement logiciel	40 640,62	40 640,62

DAP en année N+1 = (459 000/8)(255/360)

Corrigé de l'exercice 39

Comptabilisation au : Journal des Immobilisations au 15/03/N

Numéro de compte	Désignation	Débit	Crédit
2154-1	Matériel industriel [imprimante]	90 000	
2154-2	Matériel industriel [têtes d'impression]	60 000	
44562.	TVA déductible sur immobilisations	30 000	
404.	Fournisseur d'immobilisation		180 000

Corrigé de l'exercice 40

Montant de la base amortissable de la machine = 450 000 – (révisions) 10 000

Comptabilisation au : Journal des Immobilisations au 31/12/N

Numéro de compte	Désignation	Débit	Crédit
2154-1	Matériel industriel	440 000	
2154-2	Matériel industriel [révisions]	10 000	
231.	Immo. corporelles en cours		450 000
	Entrée de la machine à l'actif		

Comptabilisation au : Journal des Immobilisations au 31/12/N

Numéro de compte	Désignation	Débit	Crédit
681.	DAP d'exploitation	44 000	
28154-1	Amortissement matériel indus [machine]		44 000
681	DAP d'exploitation	2 000	
28154-2	Amortissement matériel indus [révision]		2 000

*DAP année N La machine = 440 000 /10 = 44 000

*DAP année N La révision = 10 000 /5 = 2 000

Corrigés des exercices
Inventaire des Créances

Corrigé de l'exercice 41

Comptabilisation au : Journal des ventes au 31/12/N

Numéro de compte	Désignation	Débit	Crédit
681.	DAP d'exploitation	7 500	
4911.	Dépréciation des créances client		7 500
	Provision pour dépréciation		

*DAP = (18 000 /1,2)*50%*

Numéro de compte	Désignation	Débit	Crédit
416.	Clients douteux	18 000	
411.	Client		18 000
	Créances douteuses		

Corrigé de l'exercice 42

Enoncé	Exercice 41	Créances en N moins le règlement	Créance en N+1 /1,2	Créance HT en N+1 * Taux de dépréciation	Dépréciation de l'année N+1 Inférieure à la dépréciation de l'année N
Créance en N-1	Dépréciation en N-1	Créance en TTC en N	Créance en HT en N	Dépréciation en N	Ajustement à opérer
18 000	7 500	6000	5 000	5 000	RAP de 2500

Comptabilisation au : Journal des ventes au 31/12/N+1

Numéro de compte	Désignation	Débit	Crédit
4911.	Dépréciation des créances client	2500	
781.	RAP d'exploitation		2500
	Ajustement de la dépréciation		

Corrigé de l'exercice 43

Comptabilisation au : Journal des ventes au 31/12/N+2

Numéro de compte	Désignation	Débit	Crédit
4911.	Dépréciation des créances client	5 000	
781.	RAP d'exploitation		5 000
	Annulation de la dépréciation		
654.	Perte sur créance irrécouvrable	5 000	
44571.	TVA collectée	1 000	
416.	Client douteux		6 000
	Créance irrécouvrable		

Corrigé de l'exercice 44

Comptabilisation au : Journal des ventes au 31/12/N

Numéro de compte	Désignation	Débit	Crédit
654.	Perte sur créance irrécouvrable	23 000	
44571.	TVA collectée	4600	
411.	Client		27 600
	Créance irrécouvrable		

Corrigé de l'exercice 45

Etat des créances douteuses

Clients	Créances TTC en N	Créance en HT en N	Dépréciation en N	Dépréciation en N-1	DAP	RAP
Gamma	0 (perdue)	0	0	2 000		2 000
Alpha	6 800	5 666,67	1 133,33	850	283,33	
Beta	8 400	7 000	3 500	2 887,5	612,5	
Omega	0 (perdue)	0	0	500		500
				Total	895,83	2 500

Etat des créances perdues :

Client	Créance en TTC	Montant en HT	TVA
Gamma	6 000	5 000	1 000
Omega	2500	2 083,33	416,67
Total		7 083,33	1 416,67

*Créance perdue =(Créance en N-1)- recouvrement pour solde tout compte

Journal des ventes de l'entreprise GASTON au 31/12/N

Numéro de compte	Désignation	Débit	Crédit
681.	DAP d'exploitation	895,83	
4911.	Dépréciation des créances client		895,83
4911.	Dépréciation des créances client	2500	
781.	RAP d'exploitation		2500
	Ajustement des dépréciations		
654.	Perte sur créance irrécouvrable	7 083,33	
44571	TVA collectée	1 416,67	
416.	Client douteux (Gamma)		6 000
416.	Client douteux (Omega)		2 500
	Créance irrécouvrable		

Corrigé de l'exercice 46

Journal de l'entreprise GASTON au 31/12/N+1

Numéro de compte	Désignation	Débit	Crédit
4911.	Dépréciation des créances client	4 633,33	
781.	RAP d'exploitation		4 633,33
	Annulation des dépréciations		
654.	Perte sur créance irrécouvrable	7000	
44571	TVA collectée	1400	
416.	Client douteux (BETA)		8400
	Créance irrécouvrable		

*Les dépréciations à annuler, sont celles présentes au bilan, au 31/12/N

Client BETA :   3500   Client ALPHA : 1 133,33

Corrigés des exercices
Inventaire des stocks

Corrigé de l'exercice 47

Etat des stocks de l'entreprise LABY

Date	Nature du stock	Valeur d'entrée à l'actif	Dépréciation
Au 1/01/N	Marchandises	672 000	33 600
Au 31/12/N	Marchandises	2 200 000	330 000

Journal de l'entreprise LABY au 31/12/N

Numéro de compte	Désignation	Débit	Crédit
6037.	Variation des stocks de marchandises	672 000	
371.	Stocks des marchandises		672 000
	Annulation du stock initial		
371.	Stocks des marchandises	2 200 000	
6037.	Variation des stocks de marchandises		2 200 000
	Enregistrement du stock final		
3971.	Dépréc. du stock des marchandises	33 600	
781.	RAP d'exploitation		33 600
	Annulation de la dépréciation du stock initial		
681.	DAP d'exploitation	330 000	
3971.	Dépréc. du stock des marchandises		330 000
	Enregistrement de la dépréciation du stock final		

Corrigé de l'exercice 48

Entreprise LABY suite :

Vente de marchandises	12 000 * 1000 €	12 000 000 €
Achat de marchandises	14 800 * 550 €	7 975 000 €
Variation des stocks [stock initial- stock final]	672 000 – 2 200 000	(1 528 000 €)
Coût des marchandises vendues	Achat de marchandises +/- Variation des stocks	6 447 000 €
Marge commerciale	**Vente de marchandises – Coût des marchandises vendues**	**5 553 000 €**

Corrigé de l'exercice 49

Valorisation des stocks de matières premières M1 (entreprise GHOST), au 31/12/N

	Quantité	Coût unitaire	Coût global
Stock initial	*3000*	*35*	*105 000*
Entrée : 15/01	6000	30	180 000
Entrée : 15/03	12000	25	300 000
Entrée : 15/09	20000	32	640 000
CUMP	**41 000**	**29,87**	**1 225 000**
Sortie	38 000	29,87	**1 135 060**
Stock final	*3000*	*29,87*	*89 940*

Les consommations de matières premières

	Quantité consommée	Coût unitaire	Coût global
Production P1	25 000	29,87	746 250
Production P2	13 000	29,87	388 310
TOTAL	**38 000**	**29,87**	**1 135 060**

Journal de l'entreprise GHOST au 31/12/N

Numéro de compte	Désignation	Débit	Crédit
6031. 31.	Variation des stocks des MP Stocks des MP **Annulation du stock initial**	105 000	105 000
31. 6031.	Stocks des MP Variation des stocks des MP **Enregistrement du stock final**	89 940	89 940

Corrigé de l'exercice 50

Entreprise GHOST : suite

Calcul du coût de production des produits finis P1 (15 800 unités produites)

	Quantité	Coût unitaire	Coût global
Matières consommées	25 000	29,87	746 250
Main d'œuvre	14000	20	280 000
DAP			9 000
Services généraux			27 000
Coût de production	**15 800**	**67,23**	**1 062 250**

Calcul du coût de production des produits finis P2 (18 000 unités produites)

	Quantité	Coût unitaire	Coût global
Matières consommées	13 000	29,87	388 310
Main d'œuvre	15 900	20	318 000
DAP			18 000
Services généraux			25 000
Coût de production	**18 000**	**41,62**	**749 310**

Valorisation des stocks des produits finis P1 au 31/12/N

	Quantité	Coût unitaire	Coût global
Stock initial	*1000*	*70*	*70 000*
Entrée (production)	15 800	67,23	1 062 250
CUMP	**16 800**	**67,40**	**1 132 250**
Sortie (vente)	16 200	67,40	1 091 810
Stock final	*600*	*67,40*	*40 440*

Valorisation des stocks des produits finis P2 au 31/12/N

	Quantité	Coût unitaire	Coût global
Stock initial	*1200*	*45*	*54 000*
Entrée (production)	18 000	41,62	749 310
CUMP	**19 200**	**41,84**	**803 310**
Sortie (vente)	14 500	41,84	606 666,40
Stock final	*4700*	*41,84*	*196 648 (arrondi)*

Journal de l'entreprise GHOST au 31/12/N

Numéro de compte	Désignation	Débit	Crédit
7135. 35.	Production stockée Stocks des produits finis **Annulation du stock initial des P1**	70 000	70 000
35. 7135.	Stocks des produits finis Production stockée ou déstockée **Enregistrement du stock final des P1**	40 440	40 440
7135. 35.	Production stockée Stocks des produits finis **Annulation du stock initial des P2**	54 000	54 000
35. 7135.	Stocks des produits finis Production stockée ou déstockée **Enregistrement du stock final des P2**	196 648	196 648

Corrigé de l'exercice 51

Entreprise GHOST : suite   Extrait du bilan au 31/12/N

Actifs	Brut	Amort.et dépréc.	Net	Passif	Montant
Stocks					
Produits finis P1	40 440	/	40 440		
Produits finis P2	196 648	/	196 648		
Matière première M1	89 940	/	89 940		

Corrigé de l'exercice 52

Inventaire des stocks

Stocks	Stocks initiaux		Stocks finaux	
	Valeur	Dépréciation	Valeur	Dépréciation
Marchandises	6 750 000	337 500	5 000 000	500 000
Produits finis	1 445 000	144 500	5 220 000	261 000

Journal de l'entreprise GAMMA au 31 décembre N

Numéro de compte	Désignation	Débit	Crédit
6037. 371.	Variation des stocks des marchandises Stock des marchandises	6 750 000	6 750 000
371. 6037.	Stock des marchandises Variation des stocks des marchandises *Correction des stocks des marchandises*	5 000 000	5 000 000
7135. 35.	Production stockées des PF Stocks des produits finis	1 445 000	1 445 000
35. 7135.	Stocks des produits finis Production stockées des PF *Correction des stocks des PF*	5 220 000	5 220 000
3971. 395. 781.	Dépréciation du stock des marchandises Dépréciation du stock des PF RAP d'exploitation *Annulation des dépréciations des stocks initiaux*	337 500 144 500	482 000
681. 3971. 395.	DAP d'exploitation Dépréciation du stock des marchandises Dépréciation du stock des PF *Enregistrement des dépréciations des stocks finaux*	761 000	500 000 261 000

Corrigé de l'exercice 53

Journal de l'entreprise KAMELIA au 31 décembre N

Numéro de compte	Désignation	Débit	Crédit
7133. 331.	Production stockée des encours Stock des encours de production *Correction des stocks des en-cours*	128 000	128 000
7135. 35.	Production stockée des PF Stock des produits finis	1 050 000	1 050 000
35. 7135.	Stock des produits finis Production stockée des PF *Correction des stocks des produits finis*	950 000	950 000
395. 3931. 781.	Dépréciation du stock des PF Dépréciation du stock des encours RAP d'exploitation *Annulation des dépréciations des stocks initiaux*	25 000 28 000	53 000

Corrigé de l'exercice 54

Entreprise KAMELIA : suite   *Extrait du bilan au 31/12/N*

Actifs	Brut	Amort.et dépréciation	Net	Passif	Montant
Stocks					
Produits finis	950 000	/	950 000		

Corrigés des exercices
Inventaire des titres financiers

Corrigé de l'exercice 55

Inventaire des titres

Titres	Valeur d'achat	Valeur en N-1	Dépréciation en N-1	Valeur en N	Dépréciation en N
Titres de participation A	50 000	40 000	10 000	80 000	0
Titres de participation B	500 000	600 000	0	350 000	150 000

Journal de l'entreprise LABY au 31/12/N

Numéro de compte	Désignation	Débit	Crédit

2961.
    786.
	Dépréciation des titres A
	            RAP financières
	Ajustement de la dépréciation des titres A
		10 000	10 000

686.
    2961.
	RAP financière
	            Dépréciation des titres B
	Ajustement de la dépréciation des titres B
		150 000	150 000

Corrigé de l'exercice 56

Valeur brute des titres cédés : 80 000€ * 80% = 64 000 € [sortie d'actif]

Dépréciation des titres à reprendre : 5000€*80 % = 4000€

Résultat de la cession : 125 000 – 64 000 = 61 000 € [plus-value]

Journal de l'entreprise KAMELIA au 31/12/N

Numéro de compte	Désignation	Débit	Crédit
675.	VNCEAC	64 000	
261.	Titres de participation		64 000
	Enregistrement de la sortie d'actif des titres		
2961.	Dépréciation des titres	4 000	
786.	RAP financières		4 000
	Ajustement de la dépréciation des titres		

Corrigé de l'exercice 57

Journal de l'entreprise GASTON au 31/12/N

Numéro de compte	Désignation	Débit	Crédit
686.	DAP financière	64 000	
2961.	Dépréciation des titres		64 000
	[Dépréciation des titres 2€*8000 titres]		
675.	VNCEAC	45 000	
2721.	Obligations		45 000
	Sortie d'actifs des obligations		
29721.	Dépréciation des obligations	2500	
786.	RAP financière		2500
	Annulation de la dépréciation		

Corrigé de l'exercice 58

1- Calcul des intérêts de l'année N

20000obligations * 5€ *5%*(9/12)=3750 €

2- Calcul de la dépréciation en année N

(5€-4€)*20 000 = 20 000€

Journal de l'entreprise GAMMA au 31/12/N

Numéro de compte	Désignation	Débit	Crédit
27682.	Intérêts courus non échus	3750	
7621.	Revenus des obligations		3750
	Intérêts courus non échus de l'année N		
686.	DAP financière	20 000	
29721.	Dépréciation des obligations		20 000
	Dépréciation des obligations		

Corrigé de l'exercice 59

Inventaire des VMP au 31/12/N

	Nombre	Prix d'achat	Cours au 31/12	Dépréciation
VMP	1000	30	25	5000

Journal de l'entreprise GUEST au 31/12/N

Numéro de compte	Désignation	Débit	Crédit
686.	DAP financière	5000	
5903.	Dépréciation des VMP		5000
	Dépréciation des VMP		

Corrigé de l'exercice 60

Journal de l'entreprise GUEST au 31/12/N

Numéro de compte	Désignation	Débit	Crédit
5088.	ICNE des VMP	450	
7621.	Revenus des obligations		450

Corrigés des exercices
Dettes et créances en monnaie étrangère

Corrigé de l'exercice 61

Evaluation de la dette

Date	Taux de change	Opération	Montant en $	Montant en €
1 mars N	1€ pour 1,85$	Achat	50 000	27 027
15/04/N	1€ pour 1,70$	Paiement	25 000	14 706

Journal de l'entreprise ALBY de l'année N

Numéro de compte	Désignation	Débit	Crédit
607.	Achat de marchandise	27 027	
401.	Fournisseurs d'ABS		27 027
	Le 1 mars, FA 12 fournisseur américain		
44566.	TVA déductible sur B/S	10 000	
6353.	Droits de douanes	300	
4458.	TVA en attente (droits douanes)	60	
6224.	Frais transitaire	400	
4458.	TVA en attente (transitaire)	80	
401.	Fournisseur de B/S		10 840
	Le 1 mars N, FA 256 fournisseur DAMAL		
401.	Fournisseur de B/S	13 513,5	
656.	Perte de change sur dettes commerciales	1 192,5	
512.	Banque		14 706
	Le 15/04/N paiement de la facture FA 12		
401.	Fournisseur d'ABS	10 840	
512.	Banque		10 840
	Le 15/047/N paiement de la facture FA 256		
44566.	TVA déductible sur B/S	140	
4458.	TVA en attente		140
	Régularisation de la TVA en attente		

Corrigé de l'exercice 62

Entreprise LABY suite :

Réévaluation de la dette au 31/12/N

Dette en € inscrite au bilan	Dette en $	Taux de change au 31/12	Dette en $ convertie	Ecart de conversion actif
13 512,5 €	25 000 $	1€ pour 1,65$	15 152 €	1 639,5€

Journal de l'entreprise ALBY au 31/12/N

Numéro de compte	Désignation	Débit	Crédit
476.	Ecart de conversion actif	1 639,5	
401.	Fournisseur de B/S		1 639,5
	Réévaluation de la dette du fournisseur américain		
681.	DAP d'exploitation	1 639,5	
1515.	Provision pour perte de change		1 639,5
	Création de la provision pour perte de change		

Corrigé de l'exercice 63

Entreprise LABY suite :

Journal des a-nouveaux de l'entreprise ALBY au 1/01/N+1

Numéro de compte	Désignation	Débit	Crédit
401.	Fournisseur de B/S	1 639,5	
476.	Ecart de conversion actif		1 639,5
	Extourne au 1 janvier N+1		

Réévaluation de la dette au 31/12/N

Dette en € inscrite au bilan	Dette en $	Taux de change au 1/03/N+1	Dette en $ convertie	Gain de change
13 512,5 €	25 000 $	1€ pour 1,9$	13 158 €	354,5€

Journal de banque de l'entreprise ALBY au 1 mars N+1

Numéro de compte	Désignation	Débit	Crédit
401.	Fournisseur de B/S	13 512,5	
512.	Banque		13 158
756.	Gain de change sur dettes commerciales		354,5
	Paiement de la dette du fournisseur américain		

Journal de banque de l'entreprise ALBY au 31/12/N+1

Numéro de compte	Désignation	Débit	Crédit
1515.	Provision pour perte de change	1 639,5	
781.	RAP d'exploitation		1 639,5
	Annulation de la provision pour perte de change		

Corrigé de l'exercice 64

Evaluation de la créance aux différentes dates

Date	Taux de change	Opération	Montant en £	Montant en €
5/07/N	1£ pour 1,25€	Vente	125 000 £	156 250 €
15/12/N	1£ pour 1,15€	Paiement	100 000 £	115 000 €
31/12/N	1£ pour 1,3€	Dette au bilan	25 000 £	32 500 €

Grand livre du 411 Client

Débit		Crédit	
Vente du 5/07	156 250 €	Encaissement du 15/12	125 000
Solde (débiteur) 31 250 €			

Journal de l'entreprise GASTON année N

Numéro de compte	Désignation	Débit	Crédit
411.	Client	156 250	
707.	Vente de marchandise		156 250
	Facture de vente FA34 du 5/07/N		
512.	Banque	115 000	
656.	Perte de change sur Créances commerciales	10 000	
411.	Client		125 000
	Encaissement de 80 % de la créance [156 250 * 80%]		
411.	Client	1 250	
477.	Ecart de conversion passif		1 250
	Réévaluation de la créance au 31/12/N		

Corrigés des exercices
Provisions pour risques et charges

Corrigé de l'exercice 65
Journal de l'entreprise SAOUSSAN au 31/12/N

Numéro de compte	Désignation	Débit	Crédit
687.	DAP exceptionnelle	60 000	
1511	Provision pour litiges		60 000
	Création de la provision		

Corrigé de l'exercice 66
Journal de l'entreprise SAOUSSAN, l'année N+1

Numéro de compte	Désignation	Débit	Crédit
6712.	Pénalités	80 000	
512.	Banque		80 000
	Paiement des pénalités au 1 mai N+1		
1511.	Provision pour litige	60 000	
787.	RAP exceptionnelle		60 000
	Annulation de la provision devenue sans objet au 31/12/N+1		

Corrigé de l'exercice 67
Journal de l'entreprise ALBY, au 31/12/N

Numéro de compte	Désignation	Débit	Crédit
681.	DAP d'exploitation	35 000	
1512.	Provision pour garanties données aux clients		35 000

Corrigé de l'exercice 68

Journal de l'entreprise GAMMA, au 31/12/N

Numéro de compte	Désignation	Débit	Crédit
6412.	Congés payés	15 000	
4282.	Provisions pour congés payés		15 000
	Création de la provision pour congés payés		
645.	Charges sociales	3500	
4382.	Provisions pour charges à payer sur congés		3500
	Création de la provision pour charges, pour les charges sociales sur congés payés		

Corrigé de l'exercice 69

Certaines conditions existent pour qu'une provision pour risques et charges soit déductible fiscalement :

- La charge doit être fortement probable
- La charge doit être déductible elle-même, ainsi les provisions créées pour des pénalités probables ne sont pas déductibles, car les pénalités sont-elles mêmes des charges non-déductibles.
- La charge déductible ne doit pas être couverte par une assurance, car dans ce cas de figure l'entreprise ne supporte pas la charge, mais sera indemnisée en cas de survenue d'incident.

L'administration fiscale pose des règles claires quant à la déductibilité fiscale des provisions pour risques et charges, car les entreprises pourraient les utiliser comme moyen pour baisser artificiellement leurs résultats comptables et ainsi échapper aux paiements des impôts.

Corrigés des exercices
Régularisation des charges et produits

Corrigé de l'exercice 70

Répartition des charges

Charges	Montant total	Dont pour N	Dont pour N+1
Loyer du siège	120 000	90 000	30 000
Assurance	15 000	7 500	7 500
Loyer crédit-bail	6 000	4000	2000
Total des charges constatées d'avance			**39 500**

Journal de l'entreprise ANIS, au 31/12/N

Numéro de compte	Désignation	Débit	Crédit
486.	Charges constatées d'avance	39 500	
6132.	Location immobilière		30 000
616.	Prime d'assurance		7 500
612.	Loyer crédit-bail		2000
	Annulation des charges, et constatation des CCA		

Journal de l'entreprise ANIS, au 01/01/N+1 journal des A-nouveaux

Numéro de compte	Désignation	Débit	Crédit
6132.	Location immobilière	30 000	
616.	Prime d'assurance	7 500	
612.	Loyer crédit-bail	2000	
486.	Charges constatées d'avance		39 500
	Extournes des CCA		

Corrigé de l'exercice 71

Entreprise ANIS suite :

Journal de l'entreprise ANIS, au 31/12/N

Numéro de compte	Désignation	Débit	Crédit
486.	Charges constatées d'avance	5 800	
6064.	Achats non stockés de consommable		5 800
	Annulation des charges, et constatation des CCA		

Il faut repasser l'extourne au journal des A-nouveaux au 1 janvier N+1.

Corrigé de l'exercice 72

Entreprise ANIS suite :

Journal de l'entreprise ANIS, au 31/12/N

Numéro de compte	Désignation	Débit	Crédit
607.	Achat de marchandises	36 000	
4458.	TVA en attente de régularisation	7 200	
408.	Fournisseur-factures non parvenues		43 200
	Facture non parvenue FA 125, fournisseur ALBY		

Il faut repasser l'extourne au journal des A-nouveaux au 1 janvier N+1.

Corrigé de l'exercice 73

Entreprise ANIS suite :

Journal de l'entreprise ANIS, au 31/12/N

Numéro de compte	Désignation	Débit	Crédit
486.	Charges constatées d'avance	4500	
607.	Achat de marchandise		4500
	Annulation des charges, et constatation des CCA		

Il faut repasser l'extourne au journal des A-nouveaux au 1 janvier N+1.

Corrigé de l'exercice 74

Journal de l'assureur VISAR, au 31/12/N

Numéro de compte	Désignation	Débit	Crédit
706.	Prestations de services	7 500	
487.	Produits constatés d'avance		7 500
	Annulation des produits, et constatation des PCA		

Il faut repasser l'extourne au journal des A-nouveaux au 1 janvier N+1.

Corrigé de l'exercice 75

Journal de l'entreprise ALBY, au 31/12/N

Numéro de compte	Désignation	Débit	Crédit
418.	Client-factures à établir	43 200	
707.	Vente de marchandises		36 000
4458.	TVA en attente de régularisation		7 200
	Facture à établir FA 125, client ANIS		

Il faut repasser l'extourne au journal des A-nouveaux au 1 janvier N+1.

Corrigé de l'exercice 76

Journal de l'entreprise KAMELIA, au 31/12/N

Numéro de compte	Désignation	Débit	Crédit
4487.	Produits à recevoir	35 000	
74.	Subvention d'exploitation		35 000

Il faut repasser l'extourne au journal des A-nouveaux au 1 janvier N+1.

Corrigé de l'exercice 77

Calcul du montant des intérêts :

Formule	Calcul	Montant	Dont pour l'année N	Dont pour l'année N+1
Capital * taux	25 000*5%	1 250 €	1 042 €	208 €

Journal de l'entreprise KAMELIA, au 31/12/N

Numéro de compte	Désignation	Débit	Crédit
661.	Charges financières (intérêts)	1 042	
1688.	Intérêts courus non échus (ICNE)		1 042
	Constatation des intérêts de l'année N		

Il faut repasser l'extourne au journal des A-nouveaux au 1 janvier N+1.

Corrigé de l'exercice 78

Calcul du montant des intérêts :

Formule :	Nombre des obligations * nominal * taux d'intérêt
Calcul	1200 * 5€ * 5%
Montant des intérêts	300 €
Dont pour N	250 €
Dont pour N+1	50 €

Journal de l'entreprise LABY, au 31/12/N

Numéro de compte	Désignation	Débit	Crédit
2768.	Intérêts courus non échus (ICNE)	250	
7621.	Revenus des titres immobilisés		250
	Constatation des intérêts de l'année N		

Il faut repasser l'extourne au journal des A-nouveaux au 1 janvier N+1

Corrigés des exercices
Affectation du résultat

Corrigé de l'exercice 79

Journal de l'entreprise LABY, au 1 juin N+1

Numéro de compte	Désignation	Débit	Crédit
119.	Report à nouveau débiteur	25 000	
129.	Résultat de l'exercice (perte)		25 000
	Affectation du résultat déficitaire		

Corrigé de l'exercice 80

Projet de répartition du résultat de l'entreprise KAMELIA

Résultat en N-1	**220 000 €**	Solde à distribuer	Observation
Réserves légales	11 000€	209 000€	5% du résultat, jusqu'à ce que les réserves atteignent 10% du capital social
Réserves statutaires	41 800€	167 200€	Selon les statuts, 10 % du résultat à répartir après réserves légales
Report à nouveau	4800 €	172 000 €	(167200 + 4800) Résultat distribuable
Intérêts statutaires (premiers dividendes)	15 000€	157 000€	10% du capital libéré (150 000*10%)
Super dividendes	100 000€	57 000€	5€/action selon l'AGO soit 5€*20 000
Autres réserves	57 000 €		
Vérification : Résultat N-1 + Ancien Report à nouveau = sommes des réserves + sommes des dividendes + nouveau report à nouveau Soit : 220 000 + 4800 = (11000 + 41 800 + 57 000) + (15 000 + 100 000)			

Corrigé de l'exercice 81

Entreprise KAMELIA suite :

Calcul du dividende par action

Intérêts statutaires (premiers dividendes)	15 000
Super dividendes	100 000
Total des dividendes	115 000
Nombre des actions	20 000
Dividende par action	**5,75€**

Journal de l'entreprise KAMELIA, au 1 juin N

Numéro de compte	Désignation	Débit	Crédit
120.	Résultat (bénéficiaire)	220 000	
112.	Report à nouveau (créditeur)	4 800	
1061.	Réserves légales		11 000
1063.	Réserves statutaires		41 800
1068.	Autres réserves		57 000
457.	Actionnaires dividendes à payer		115 000
	Affectation du résultat de l'année N-1		

Corrigé de l'exercice 82

Projet de répartition du résultat de l'entreprise SAOUSSAN

Résultat en N-1	125 000 €	Solde à distribuer	Observation
Report à nouveau débiteur	(7000€)	118 000€	RAN débiteur doit être complètement absorbé avant répartition
Réserves légales	5900	112 100€	5% du résultat, jusqu'à ce que les réserves atteignent 10% du capital social
Réserves statutaires	0	112 100€	Aucune mention
Intérêts statutaires	21 250€	90 850€	5% du capital libéré (80000*5€*5%)+(20000*5€*5%)*3/12
Autres réserves	36 340€	54 510 €	Selon l'AGO : 40% du bénéfice distribuable est à affecter aux réserves.
Super dividendes	50 000€	4 510 €	54 510€/100 000 (arrondir aux centimes euros inférieur)
Report à nouveau créditeur	4 510 €	/	Selon l'AGO, affecter le solde restant au RAN.

Journal de l'entreprise SAOUSSAN, au 1 juin N

Numéro de compte	Désignation	Débit	Crédit
120.	Résultat (bénéficiaire)	125 000	
119.	Report à nouveau (débiteur)		7 000
1061.	Réserves légales		5 900
1068.	Autres réserves		36 340
457.	Actionnaires dividendes à payer		71 250
112.	Report à nouveau (créditeur)		4 510
	Affectation du résultat de l'année N-1		

Corrigé de l'exercice 83

Entreprise SAOUSSAN : suite   Calcul du dividende par action

Intérêts statutaires	21 250
Super dividendes	50 000
Total des dividendes	71 250
Nombre des actions	100 000
Dividende par action	**0,7125€**

Journal de l'entreprise SAOUSSAN, au 1 septembre N

Numéro de compte	Désignation	Débit	Crédit
457.	Actionnaires, dividendes à payer	71 250	
512.	Banque		71 250
	Versement de la banque		

Corrigé de l'exercice 84

Entreprise SAOUSSAN : suite

Extrait des capitaux propres, avant et après affectation du résultat

	Avant répartition	Après répartition
Capital social	500 000	500 000
Résultat de l'année	125 000	0
RAN	-7 000	+ 4 510
Réserves légales	8 500	14 400
Réserves statutaires	0	0
Autres réserves	7 500	43 840
Total	**634 000 €**	**562 750 €**

La Variation du montant des capitaux propres (71 250 €) correspond aux dividendes distribués aux actionnaires.

Corrigés des exercices
Opérations de financement

Corrigé de l'exercice 85

	Nombre des actions	Valeur unitaire	Capitaux propres
Avant l'augmentation	3000	350€	1 050 000€
Augmentation	1500	320€	480 000€
Après l'augmentation	4500	340€	1 530 000 €

*Valeur de l'action avant augmentation du capital = Valeur des capitaux propres avant augmentation /nombre des actions avant augmentation

*Augmentions du capital = Nombre des nouvelles actions * valeur nominale

*Valeur de l'action après augmentation du capital = Valeur des capitaux propres après augmentation /nombre des actions après t augmentation

Droit préférentiel de souscription :

DPS = Valeur de l'action après augmentation du capital - Valeur de l'action après augmentation du capital

DPS = 350 €-340 €   DPS = 10 €

Parité d'échange : La parité est de : une nouvelle action pour deux anciennes

Un actionnaire qui veut obtenir une nouvelle action devra :

Payer le prix d'émission (320€) + 2 DPS (2*10€) pour obtenir une action valant 340€.

Calcul de l'augmentation du capital et de la prime d'émission

	Nombre d'action	Valeur unitaire	Valeur globale
Prix d'émission	1500	320 €	480 000 €
Augmentation du capital	1500	30 €	45 000 €
Prime d'émission	1500	290€	435 000€

L'augmentation du capital social s'effectue à la valeur nominale de l'action soit 30 €.

Journal de l'entreprise GAMMA au 1 mars N

Numéro de compte	Désignation	Débit	Crédit
109.	Capital souscrit appelé non versé	45 000	
1011.	Capital non appelé		45 000
456.	Actionnaires	446 250	
109.	Capital souscrit appelé non versé		11 250
1041.	Prime d'émission		435 000
1011.	Capital non appelé	11 250	
1012.	Capital appelé non versé		11 250
512.	Banque	446 250	
456.	Actionnaires		446 250
1012.	Capital appelé non versé	11 250	
1013.	Capital appelé, versé		11 250

Le minimum légal qui doit être versé est : ¼ des apports en numéraire

La prime d'émission devra être versée intégralement dès la souscription.

Corrigé de l'exercice 86

Les options qui s'offrent à l'entreprise SAOUSSAN :

SAOUSSAN détient 1200 des anciennes actions, elle reçoit donc 1200 DPS d'une valeur de (1200 * 10 €) 12000€.

Choix 1 : Elle peut les Vendre ses DPS à un nouvel actionnaire pour qui l'achat des DPS est indispensable pour souscrire à cette augmentation.

Choix2 : Elle peut les utiliser pour souscrire elle-même à cette augmentation, les 1200 DPS lui permettent de souscrire à 600 des nouvelles actions (la parité étant 2DPS pour une nouvelle action).

Pour acquérir 600 des nouvelles actions, l'entreprise SAOUSSAN devra échanger ses 1200 DPS, et payer le prix d'émission des actions (soit 320€ * 600 actions).

Comptabilisation à la réception des DPS :

Numéro de compte	Désignation	Débit	Crédit
	Aucune écriture à la réception des DPS, car obtenus à titre gratuit par la société SAOUSSAN		

Comptabilisation à l'utilisation des DPS pour souscrire aux nouvelles actions :

Numéro de compte	Désignation	Débit	Crédit
261.	Titres de participation *(320 € * 600 actions)*	192 000	
512.	Banque		192 000

Corrigé de l'exercice 87

Calcul du nombre des actions à créer, lors de l'augmentation du capital de la société SAOUSSAN : Montant des autres réserves / nominal de l'action.

Nombre des actions à créer = (120 000 € / 20€)   *6000 nouvelles actions.*

Valeur de l'action = Montant des capitaux propres /Nombre des actions

	Capitaux propres	Nombre des actions	Valeur de l'action
Avant augmentation	270 000 €	5000 actions	54 €
Après augmentation	270 000 €	11 000 actions	24,54€
DPA = Nouvelle valeur de l'action – ancienne valeur			**29,45 €**

Parité d'échange : 5000 ancienne actions pour 6000 nouvelles soit 5 anciennes actions pour recevoir 6 nouvelles.

Chaque détenteur d'une ancienne action recevra un DPA valant 29,45 €. Chaque ancien actionnaire pourra échanger 5 DPA contre 6 nouvelles actions.

5*29,45 € = 147,25 €   6*24,54€ = 147,25 €

Les DPA ne peuvent être cédés qu'aux anciens actionnaires. L'entreprise GHOST, détentrice de 3000 anciennes actions recevra 3000 DPA d'une valeur totale de (3000 * 29,45€) soit 88 350 €. Les choix qui s'offrent à elle sont :

Choix 1 : Les céder à titre onéreux et pour leur valeur à un ancien actionnaire désireux de souscrire aux nouvelles actions créées.

Choix 2 : Les échanger contre de nouvelles actions, dont le nombre se calcule comme suit (3000 *6/5), soit 3600 nouvelles actions.

Journal de l'entreprise GHOST, à la suite de l'AGE du 5 mars N

Numéro de compte	Désignation	Débit	Crédit
1068.	Autres réserves	120 000	
1013.	Capital social		120 000

Corrigé de l'exercice 88

Calcul du montant de l'emprunt : La banque accorde un emprunt équivaut à 80 % du montant de l'investissement, soit 180 000 * 80 %   *(144 000 €)*.

Journal de l'entreprise ALBY, au 1 avril N

Numéro de compte	Désignation	Débit	Crédit
512.	Banque	143 640	
627.	Frais bancaires	300	
44566.	TVA déductible sur frais bancaires	60	
164.	Emprunt		144 000
	Réception des fonds au 1 avril N		

Journal de l'entreprise ALBY, au 15 avril N

Numéro de compte	Désignation	Débit	Crédit
2154.	Machine industrielle	180 000	
44562.	TVA déductible sur immobilisation	36 000	
404.	Fournisseur d'immobilisation		216 000
	FA 250 acquisition de machine-outil		

Calcul du montant de la mensualité :

Formule : *(capital emprunté * taux)/ [1-(1+taux)^-nbr de périodes]*

Taux annuel 12 % soit un taux mensuel équivalent de 1 %

Capital emprunté : 144 000 €   Nombre de période 36 mois.

Mensualité = (144 000 *1%)/[1-(1,01)^(-36)]   Mensualité = 4 782,86€

Première ligne du tableau d'amortissement de l'emprunt

	Capital dû	Mensualité	Intérêt	Remboursement
Année N	144 000	4 782,86	1 440	3 342,86

*Dont intérêt courus non échus de l'année N : 1440 *(8/12)

Première ligne du tableau d'amortissement de l'immobilisation

	Base amortissable	DAP	Cumul des amortissements	Valeur nette comptable
Année N	180 000	21 000	21 000	159 000

*DAP année N = (180 000/5)/(7/12)

Journal de l'entreprise ALBY, au 31/12/N [écritures d'inventaire]

Numéro de compte	Désignation	Débit	Crédit
661.	Charges d'intérêt	960	
1688.	Intérêts courus non échus		960
	Enregistrement des ICNE		

Il faut repasser l'extourne au journal des A-nouveaux au 1 janvier N+1.

Journal de l'entreprise ALBY, au 31/12/N [écritures d'inventaire]

Numéro de compte	Désignation	Débit	Crédit
681.	DAP d'exploitation	21 000	
28154.	Amortissement matériel industriel		21 000
	Enregistrement de la DAP de l'année N		

Corrigé de l'exercice 89

Enregistrements comptables de l'année N

Journal de l'entreprise GAMMA, au 1mars N

Numéro de compte	Désignation	Débit	Crédit
612.	Redevances crédit-bail	3000	
44566.	TVA déductible sur ABS	600	
512.	Banque		3600
	Enregistrement de la première redevance		

Journal de l'entreprise GAMMA, Chaque 15 du mois de l'année N

Numéro de compte	Désignation	Débit	Crédit
612.	Redevances crédit-bail	300	
44566.	TVA déductible sur ABS	60	
512.	Banque		360
	Enregistrement des redevances		

Journal de l'entreprise GAMMA, au 31/12/N [écritures d'inventaire]

Numéro de compte	Désignation	Débit	Crédit
486.	Charges constatées d'avance	150	
612.	Redevance crédit-bail		150
	Constatation de la CCA [versement du 15 décembre N, concerne aussi le mois de janvier N+1]		

Il faut repasser l'extourne au journal des A-nouveaux au 1 janvier N+1.

Les informations concernant l'engagement du crédit-bail sont des éléments hors bilan. En effet, seules les redevances sont enregistrées en comptabilité. Les autres informations, telles que : la durée de l'engagement, le prix de rachat, le taux actuariel doivent figurer dans les annexes qui accompagnent les états financiers de fin d'année.

Les écritures de l'année N+4

Journal de l'entreprise GAMMA, Chaque 15 des mois de janvier, février, mars et avril

Numéro de compte	Désignation	Débit	Crédit
612.	Redevances crédit-bail	300	
44566.	TVA déductible sur ABS	60	
512.	Banque		360
	Enregistrement des redevances		

Journal de l'entreprise GAMMA Le 15 avril N+4 [Rachat du matériel]

Numéro de compte	Désignation	Débit	Crédit
2182.	Matériel de transport	2400	
44562.	TVA déductible sur immobilisation	480	
404.	Fournisseur d'immobilisation		2880

Corrigé de l'exercice 90

1- Les actions de l'entreprise KAMILLE, acquises par l'entreprise GOLD doivent être enregistrées comme **des titres de participation** au bilan de l'entreprise GOLD (des immobilisations financières). Car, d'une part ces actions confèrent à l'entreprise GOLD 85,71% du capital social de KAMILLE, et que d'autre part, GOLD souhaite les garder sur le long terme tout en exerçant une influence notable.

2- Les titres de participation au sein de société offrent aux détenteurs le droit à des dividendes calculés aux proratas de leurs participations. Si GOLD investit dans l'entreprise KAMILLE c'est en vue d'encaisser des dividendes sur les bénéfices annuels réalisés par KAMILLE. Mais aussi, afin de réaliser des plus-values à la revente de ces actions.

3- La vente d'action permet aux entreprises une levée de fond. Une entreprise en recherche de capitaux, peut entre autres, créer de nouvelles actions et les vendre à des actionnaires désireux de prendre des participations dans son capital.

4- L'entreprise GOLD peut acquérir d'autres placements financiers, tels que des obligations, des dépôts de garantie, des prêts. La décision dépend de plusieurs paramètres : taux de rémunération souhaités, niveau de risque acceptable.

5- L'entreprise KAMILLE peut opter pour des emprunts bancaires, ou des emprunts obligataires. L'avantage est que le capital ne sera pas dilué. Cependant, cette option présente le désavantage de réduire l'autonomie de l'entreprise et d'augmenter son taux d'endettement.

Corrigés des exercices
Question à réponses multiples (QCM)

Corrigé de l'exercice 91

Valeur de l'action de KAMILLE

	Nombre des actions	Valeur de l'action	Valeur des capitaux propres
Avant augmentation	64 000	50 €	3 200 000 €
Augmentation	8 000	30 €	240 160 €
Après augmentation	72 000	47,78 €	3 440 160 €

Capital social de l'entreprise

	Nombre des actions	Nominal de l'action	Capital social
Avant augmentation	64 000	5€	320 000 €
Augmentation	8 000	5€	40 000 €
Après augmentation	72 000	5€	400 000 €

1. Le capital de la société KAMILLE avant augmentation est de 320 000 €
2. L'augmentation du capital social de KAMILLE est de 40 000 €
3. Les capitaux propres de KAMILLE avant augmentation sont de 3 200 000 €
4. Le capital social de KAMILLE après augmentation est de : 400 000 €
5. La valeur de l'action de KAMILLE après augmentation est de 47,78€.
6. Le prix d'émission des nouvelles actions de KAMILLE est de 30€
7. La prime d'émission est de 200 000 € (200160 €) [Emission – augmentation du capital SOIT 240 160 € - 40 000 €]
8. Les DPS sont offerts aux anciennes actionnaires pour compenser la perte de valeur de leurs anciennes actions.
9. La valeur des DPS est de 2,22 € (Différence entre 50 € et 47,78 € valeurs de l'action avant opération d'augmentation).

Corrigé de l'exercice 92

Projet affectation du résultat

Résultat de l'année N-1	145 000 €	*Calcul*	*Solde*
RAN (débiteur)	(26 000 €)	Enoncé	119 000 €
Réserves légales	500 €	Limite de 10 % du capital social	118 500 €
Intérêts statutaires	11 875 €	10% *(1000actions *100€) + (10%* 250 actions *100€*(9/12))	106 625 €
Superdividendes	106 250 €	85 € *1250 actions	375 €
RAN créditeur	375 €		

1. Le nombre des actions qui composent le capital de la société ALBY est de 1250 actions.
2. Le nombre des anciennes actions qui composaient le capital de la SAS ALBY est de 1000 actions.
3. Le RAN débiteur correspond aux déficits antérieurs supportés par l'entreprise
4. A chaque fois que l'entreprise réalise un bénéfice, elle devra en affecter 5% aux réserves légales, jusqu'à ce que ces dernières atteignent 10% du capital social, elles cessent alors de devenir obligatoires. Dans notre exemple la limite des réserves légales est de 12500€.
5. Le montant devant être affecté aux réserves légales est 500 €
6. Le montant qui doit être affecté aux premiers dividendes (intérêts statutaires) est de 11875 €.
7. Le superdividende à offrir aux actionnaires est de 85 €.
8. Le montant qui doit être affecté RAN créditeur est 375€.

Corrigé de l'exercice 93

Opération 1 : Calcul de la base amortissable : Pour rappel, La TVA pour les véhicules de tourisme n'est pas déductible.

Valeur d'achat	35 000 €
Remise à 5 %	1 750 €
Net commercial	33 250 €
Escompte à 10 %	3 325€
Net financier	29 925 €
TVA à 20 %	5 985 €
Montant en TTC	**35 910 €**

1- La base amortissable est de 35 910 €
2- DAP économique de l'année N : 5 087,25 € *(35 910 /5 * (255/360)*
3- DAP dérogatoire de l'année N : 4 339 ,13 €

DAP fiscale de l'année N = 35 910 * taux fiscal * (9/12) soit 9 426, 38 €

Taux fiscal = Coefficient dégressif/ Nombre d'années soit (1,75/5)

DAP dérogatoire – DAP fiscale – DAP économique

Opération 2 : Plan d'amortissement de la machine industrielle

Année	Base amortissable	DAP	Cumul des amortissements	VNC
N-2	250 000	37 500	37 500	212 500
N-1	250 000	50 000	87 500	162 500
N	250 000	25 000	112 500	137 500

DAP année N-2 : (250 000/5)(9/12)

1- Le montant des amortissements cumulés au moment de la cession est de 112 500 €
2- La VNC de la machine-outil au moment de la cession est de 137 500 €
3- La plus-value réalisée par cette opération de cession est de : 52 500 €
   Plus-value = (Prix de cession – Valeur comptable nette) soit [190 000 - 137500]
4- Le résultat de cette cession va figurer dans la partie exceptionnelle du tableau de compte de résultat.

Corrigé de l'exercice 94

Question 1 : L'entreprise SMARTECH est en conformité avec la loi au regard du délai de conservation des documents comptables et notamment les factures ;

a-Oui   *[Le délai obligatoire est de 10 ans]*

Question 2 : L'entreprise SMARTECH est en conformité avec la loi de l'émission et la transmission des factures électroniques.

a-Oui   *[Transmission informatique, acceptation du destinataire]*

Question 3 : Comment assurer un caractère définitif quand la comptabilité est tenue de manière informatique ?

a-Par logiciel qui interdit toutes modifications ultérieures à la validation

Question 4 : Quelles sont les qualités attendues des comptes annuels

a-sincérité-image fidèle-régularité

Image fidèle : La comptabilité poursuit un objectif celui de présenter le patrimoine et les résultats de l'entreprise de la manière la plus fidèle possible.

Sincérité : (PCG 121-3) Les règles et procédures doivent être appliquées en bonne foi en fonction de l'information disponible. *[La non-dissimulation d'information].*

Régularité : (PCG 121-3) Les documents comptables doivent suivre les prescriptions du droit comptable.

Question 5 : Justifier l'intérêt d'une tenue de comptabilité générale pour l'entreprise SMARTECH.

a-Obligation légale par le code de commerce

La tenue d'une comptabilité générale permet de tracer les opérations financières, les échanges monétaires et de biens effectués avec l'ensemble des partenaires.

Le code de commerce admet de présenter des preuves issues d'une comptabilité générale correctement tenue, devant la justice en cas de litige.

Une obligation légale qui incombe les entreprises commerciales et commerçants en général [*L123-12 du code du commerce*].

Corrigé de l'exercice 95

Question 1 : La subvention obtenue est une : subvention d'investissement, car elle sert au financement d'une machine destinée à la production de l'entreprise.

Question 2 : La subvention obtenue est à enregistrer dans : Les capitaux propres [*numéro de compte 130*].

Question 3 : La dotation à enregistrer au titre de l'année N, pour cette opération sont de : 2500 €

DAP année N = (25000€/5)*(6/12)

Question 4 : La subvention à reprendre au titre de l'année N est de 1250 €

Les subventions d'investissement doivent être virées au résultat au même rythme que les dotations aux amortissements ;

Quote-part des subventions à virer au résultat : 12 500 * (2500/25000)

Corrigés des exercices
Cas pratiques généraux

Corrigé de l'exercice 96

Opération 1 : Selon l'énoncé, le client DUCHEMIN a réglé l'intégralité du montant en TTC de sa dette envers la SAS MALO BO. La dépréciation existante de 150 € n'est plus justifiée et doit être reprise.

Journal de l'entreprise SAS MALO BO, au 31 décembre 2021

Numéro de compte	Désignation	Débit	Crédit
4911.	Dépréciation des créances client	150	
781.	RAP d'exploitation		150

Opération 2 : Selon l'énoncé, le client BERTIN pense ne pas avoir la capacité de payer sa dette envers la SAS MALO BO. La provision concerne 80 % de la créance en HT ; (soit 80% des 700 €). Il faut créer une provision pour dépréciation de la créance du client BERTIN.

La créance du BERTIN doit être transférée aux créances douteuses

Journal de l'entreprise SAS MALO BO, au 31 décembre 2021

Numéro de compte	Désignation	Débit	Crédit
681.	DAP d'exploitation	560	
4911.	Dépréciation des créances client		560
416.	Client douteux	840	
411.	Client (700 *1,2)		840

Opération 3 : Selon l'énoncé, l'incident pour lequel la provision avait été créée est clos. La provision devient sans objet et doit donc être reprise.

Journal de l'entreprise SAS MALO BO, au 31 décembre 2021

Numéro de compte	Désignation	Débit	Crédit
151.	Provision pour risques et charges	550	
787.	RAP exceptionnelles		550
	Annulation de la provision		

Pour l'engagement du rabais, l'entreprise doit enregistrer une facture d'avoir à établir.

Journal de l'entreprise SAS MALO BO, au 31 décembre 2021

Numéro de compte	Désignation	Débit	Crédit
709.	Rabais accordés	400	
4458.	TVA en attente	80	
4198.	Avoirs à établir		480
	Facture d'avoir à établir		

*Une extourne devra être repassée au 1 janvier N+1

Opération 4 : Evaluation de la dette envers le fournisseur scandinave

Date	Dette en SEK	Taux de change pour 1€	Dette en €
5/12/2021	9090 SEK	1€ pour 10 SEK	909 €
31/12/2021	9090 SEK	1€ pour 9,09 SEK	1 000 €
Ecart de conversion actif	(perte de change potentielle)		91 €

Journal de l'entreprise SAS MALO BO, au 31 décembre 2021

Numéro de compte	Désignation	Débit	Crédit
476.	Ecart de conversion actif	91	
401.	Fournisseur de ABS		91
	Réévaluation de la dette		

*Une extourne devra être repassée au 1 janvier N+1

Journal de l'entreprise SAS MALO BO, au 31 décembre 2021

Numéro de compte	Désignation	Débit	Crédit
681.	DAP d'exploitation	91	
1516.	Provision pour perte de change		91

Opération 5 : Selon l'énoncé, les intérêts annuels, de la période allant du 1 mars 2021 au 31 mars 2022 sont de 240 €, et sont payables le 31 mars 2022.

Les intérêts courus non échus de l'année 2021 sont de (240/12)*9 soit 180 €.

Journal de l'entreprise SAS MALO BO, au 31 décembre 2021

Numéro de compte	Désignation	Débit	Crédit
661.	Charges d'intérêt	180	
1688.	Intérêts courus non échus		180

Il faut repasser l'extourne au journal des A-nouveaux au 1 janvier N+1.

Corrigé de l'exercice 97

Journal de l'entreprise GHOST, mois de janvier N

Numéro de compte	Désignation	Débit	Crédit
601.	Achat de matières premières	232 200	
44566.	TVA déductible sur ABS	46 440	
401.	Fourniseur de biens et services		278 640
	Facture d'achat FV256 fournisseur FAVOR		
701.	Production vendue	3 800	
44571.	TVA collectée	760	
411.	Client		4 560
	Facture d'avoir FA-AV1 client GAMMA		
624.	Transport de biens et du personnel	2500	
4458.	TVA en attente de régularisation	500	
401.	Fournisseur d'ABS		3000
	Facture FV 23 fournisseur JOEL		
512.	Banque	24 000	
419.	Client créditeur-acomptes reçus		24 000
4458.	TVA en attente de régularisation	4 000	
44571.	TVA collectée		4 000
	Avis de crédit 26		

512.	Banque	108 000	
411.	Client		108 000
4458.	TVA en attente de régularisation	18 000	
44571.	TVA collectée		18 000
	Encaissement de la facture FV 2365 client ALPHA		
411.	Client	950 000	
701.	Production vendue		950 000
	Vente intracommunautaire, FA 26 GHABI.		
2154.	Machine-outil	360 000	
404.	Fournisseur d'immobilisation		360 000
44562.	TVA déductible sur immobilisation	72 000	
4452.	TVA intracommunautaire due		72 000
	Acquisition intracommunautaire, FG 123 HOBALO		

Grand livre des comptes de TVA

Numéro de compte 44571 (TVA collectée)			
Opération	*Débit*	*Opération*	*Crédit*
Facture d'avoir FA AV1	760	Acompte, avis de crédit 26	4 000
		Encaissement créance	18 000
Total	**760**	Total	**22 000**
Solde (créditeur)	**21 240**	Solde (débiteur)	/
Total	**22 000**	Total	**22 000**

Numéro de compte 4452 (TVA intracommunautaire due)			
Opération	*Débit*	*Opération*	*Crédit*
		Facture FG 123 HOBALO	72 000
Total		Total	**72 000**
Solde (créditeur)	**72 0000**	Solde (débiteur)	/
Total	**72 000**	Total	**72 000**

Numéro de compte 44566 (TVA déductible sur ABS)			
Opération	*Débit*	*Opération*	*Crédit*
Facture FV256	46 440		
Total	**46 440**	Total	/
Solde (créditeur)	/	Solde (débiteur)	**46 440**
Total	**46 440**	Total	**46 440**

Numéro de compte 44562 (TVA déductible sur immobilisation)			
Opération	Débit	Opération	Crédit
Facture FG 123 HOBALO	72 000		
Total	72 000	Total	/
Solde (créditeur)	/	Solde (débiteur)	72 000
Total	72 000	Total	72 000

Déclaration de TVA

TVA exigible		TVA déductible	
TVA collectée	21 240	TVA déductible sur ABS	46 440
TVA intracom due	72 000	TVA déductible sur immo	72 000
		Ancien crédit de TVA	6 000
Total	93 240	Total	124 440
Solde (nouveau crédit de TVA)	31 200 €		

Journal de l'entreprise GHOST, au 31 janvier N

Numéro de compte	Désignation	Débit	Crédit
44571.	TVA collectée	21 240	
4452.	TVA intracommunautaire due	72 000	
44567.	Crédit de TVA (nouveau)	31 200	
44567.	Crédit de TVA (ancien)		6000
44566.	TVA déductible sur ABS		46 440
44562.	TVA déductible sur immobilisation		72 000
	Déclaration de TVA du mois de janvier N		

Corrigé de l'exercice 98

1- L'immobilisation

a) Enregistrement comptable de l'acquisition :

Journal de l'entreprise GABY au 1 mars N

Numéro de compte	Désignation	Débit	Crédit
2154.	Matériel industriel	1 050 000	
44562.	TVA déductible sur immobilisation	210 000	
404.	Fournisseur d'immobilisation		1 260 000

b) Calcul de la dotation d'amortissement de l'année N :

DAP année N : (1 050 000 /10)*(10/12) soit 87 500€ [Date de mise en service le 1 mars N]

c) Comptabilisation de la dotation aux amortissements

Journal de l'entreprise GABY au 31/12/N

Numéro de compte	Désignation	Débit	Crédit
681.	DAP d'exploitation	87 500	
28154.	Amortissement matériel industriel		87 500

2- L'emprunt

a) Enregistrement de la réception de l'emprunt

Montant de l'emprunt : 30% * 1050 000 € soit 315 000 €

Journal de l'entreprise GABY au 1 février N

Numéro de compte	Désignation	Débit	Crédit
512.	Banque	314 640	
627.	Frais bancaires	300	
44566.	TVA déductible sur ABS	60	
164.	Emprunt bancaire		315 000

b) Plan d'amortissement de l'emprunt (ligne l'année N)

Année	Capital dû en début de période	Amortissement (315 000 /5)	Intérêts (315 000* 5%)	Annuité (Amortissement +intérêts)
[1février N au 31 janvier N+1]	315 000 €	63 000 €	15 750 €	78 750 €

c) Les intérêts courus non échus au titre de l'année N

(15 750 /12)*11 soit *14 437,5 €*

Journal de l'entreprise GABY au 31/12/N

Numéro de compte	Désignation	Débit	Crédit
661.	Charges d'intérêts	14 437,5	
1688.	Intérêts courus non échus		14 437,5

Il faut repasser l'extourne au journal des A-nouveaux au 1 janvier N+1.

3- Augmentation du capital

a) Calcul de l'augmentation du capital

Emission 5000 actions * 250 € soit 1 250 000 €	Augmentation du capital 5000 actions * nominal Soit 500 000 €
	Prime d'émission (le solde) soit 750 000 €

Le minimum légal a été versé soit (1/4) du capital souscrit (125 000€)

b) Enregistrement comptable des engagements

Journal de l'entreprise GABY au 2 janvier N

Numéro de compte	Désignation	Débit	Crédit
4561.	Associés – apports en numéraire	750 000	
1041.	Prime d'émission		750 000
4561.	Associés – apports en numéraire	125 000	
1012.	Capital souscrit, appelé non versé		125 000
109.	Associés – capital souscrit non appelé	375 000	
1011.	Capital souscrit non appelé		375 000

c) Enregistrement comptable des versements

Journal de l'entreprise GABY au 15 janvier N

Numéro de compte	Désignation	Débit	Crédit
512.	Banque	750 000	
4561.	Associés – apports en numéraire		750 000
	Versement de la prime d'émission		
512.	Banque	125 000	
4561.	Associés – apports en numéraire		125 000
	Versement du (1/4) du capital		
1012.	Capital souscrit, appelé non versé	125 000	
1013.	Capital souscrit, appelé, versé		125 000

Corrigé de l'exercice 99

Inventaire des stocks au 31/12/N de l'entreprise HOBBIT

	Quantité	Coût unitaire	Coût global
Stocks initial	5000	5,5 €	27 500€
Entrée du 5/1/N	36 000	4,508 €	162 300€
Entrée du 25/02/N	45 000	5 €	225 000€
Entrée du 15/03/N	25000	5,7 €	142 500 €
Entrée du 8/11/N	15000	5,016 €	75 250 €
CUMP	**126000**	**5,02 €**	**632 550 €**
Sorties de l'année N	119 500	**5,02 €**	599 918 €
Stocks final	**6500**	**5,02 €**	**32 632 €**

Entrée du 5/01/N

Prix d'achat (36000* 5€)		180 000 €
Remise de 10 % (180 000€ * 10%)		(18 000 €)
Frais de transport		300 €
	Total	**162 300€**

**Sortie de l'année N en nombre d'unité = Quantité en stock initial + quantités achetées – Quantités en stock final

Journal de l'entreprise HOBBIT au 31/12/N

Numéro de compte	Désignation	Débit	Crédit
6031.	Variation des stocks de MP	27 500	
31.	Stocks des matières premières		27 500
	Annulation du stock initial		
31	Stocks des matières premières	32 632	
6031.	Variation des stocks de MP		32 632
	Enregistrement du stock final		
681.	DAP d'exploitation	1 631,6	
391.	Dépréciation du stock de matières premières		1 631,6
	Enregistrement de la dépréciation du stock final		

*Dépréciation du stock final : 32 632 * 5%

Corrigé de l'exercice 100

Inventaire des créances douteuses au 31/12/N de l'entreprise ALPHA

Au 31/12/N-1

Clients	Créance en TTC	Créance en HT	Dépréciation
GHOST	144 000	120 000	24 000
KAMELIA	12 000	10 000	1500
ALBY	6 600	5 500	1 650
HOBBIT	6 960	5 800	580
GAMMA	0	0	0

Au 31/12/N

Clients	Créance en TTC	Créance en HT	Dépréciation
GHOST	Créance encaissée	0	0
KAMELIA	12 000	10 000	4 000
ALBY	Solde perdue	0	0
HOBBIT	5 280	4 400	880
GAMMA	14 400	12 000	2 400

Ecritures à enregistrer

Clients	Dépréciation en N-1	Dépréciation en N	DAP	RAP	Créances perdues en HT	TVA collectée à annuler
GHOST	24 000	0		24 000		
KAMELIA	1500	4 000	2500			
ALBY	1 650	0		1650	500	100
HOBBIT	580	880	300			
GAMMA	0	2 400	2400			
	TOTAL		**5200**	**25 650**	**500**	**100**

*Créance perdue du client ALBY [6600 € – 6000 €] Soit 600 € en TTC

Journal de l'entreprise ALPHA au 31/12/N [ajustement des dépréciations]

Numéro de compte	Désignation	Débit	Crédit
681.	DAP d'exploitation	5200	
4911.	Dépréciation client (client KAMELIA)		2500
4911.	Dépréciation client (client HOBBIT)		300
4911.	Dépréciation client (client GAMMA)		2400
4911.	Dépréciation client (client GHOST)	24 000	
4911.	Dépréciation client (client ALBY)	1 650	
781.	RAP d'exploitation		25 650

Journal de l'entreprise ALPHA au 31/12/N [Créances perdues]

Numéro de compte	Désignation	Débit	Crédit
654.	Pertes sur créances irrécouvrables	500	
44571.	TVA collectée (annulée)	100	
416.	Client douteux (ALBY)		600

Journal de l'entreprise ALPHA au 31/12/N [Nouveau client douteux]

Numéro de compte	Désignation	Débit	Crédit
416.	Client douteux (GAMMA)	14 400	
411.	Client (GAMMA)		14 400

Corrigé de l'exercice 101

Opération du 4 mars : *Journal de l'entreprise SMAETECH au 4 mars*

Numéro de compte	Désignation	Débit	Crédit
	Aucun enregistrement comptable pour les devis, car aucun flux monétaire ou de bien n'est constaté		

Opération du 15 mars : *Journal de l'entreprise SMAETECH [FA CH8A34]*

Numéro de compte	Désignation	Débit	Crédit
601.	Achat de matières premières	1400	
401.	Fournisseur de biens et services		1400
44566.	TVA déductible sur ABS	280	
4453.	TVA sur importation due		280
	Autoliquidation de la TVA sur importation		

*Montant de l'achat (17 500 *80)/10   * Facture d'importation libellée sans TVA

Opération du 19 mars : *Journal de l'entreprise SMAETECH [FA W450]*

Numéro de compte	Désignation	Débit	Crédit
622.	Frais de transitaire	200	
6353.	Droit de douanes	100	
44566.	TVA déductible sur ABS (frais transit)	40	
401.	Fournisseur d'ABS		340

*Le transitaire a opté pour l'option sur les débits

Opération du 20 mars : *Journal de l'entreprise SMAETECH [Bon de réception]*

Numéro de compte	Désignation	Débit	Crédit
	Aucun enregistrement comptable pour les bons de réception.		

Opération du 20 mars : *Journal de l'entreprise SMAETECH [Avis de débit VIR110]*

Numéro de compte	Désignation	Débit	Crédit
401.	Fournisseur d'ABS	1400	
656.	Perte de change sur créances commerciales	350	
512.	Banque		1 750

*Montant de paiement : (17 500 *80)/8

Opération du 23 mars : *Journal de l'entreprise SMAETECH [facture de vente n°4580]*

Numéro de compte	Désignation	Débit	Crédit
411.	Client	5 268	
4191.	Client créditeur- acomptes reçus	1200	
665.	Escomptes accordés	110	
706.	Prestations de services		5 500
4458.	TVA en attente de régularisation		1 078

Opération du 25 mars : *Journal de l'entreprise SMAETECH [Facture n°A320]*

Numéro de compte	Désignation	Débit	Crédit
607.	Achat de marchandises	7200	
624.	Frais de transport	150	
44566.	TVA déductible sur ABS	1470	
4096.	Fournisseur débiteur- consignations	300	
401.	Fournisseur de biens et service		9120

Opération du 27 mars : *Journal de l'entreprise SMAETECH [Avis de crédit C302]*

Numéro de compte	Désignation	Débit	Crédit
512.	Banque	5 268	
411.	Client		5 268
4458.	TVA en attente de régularisation	1078	
44571.	TVA collectée		1078

*TVA exigible sur les encaissements

Opération du 30 mars : *Journal de l'entreprise SMAETECH [Facture d'avoir AV320]*

Numéro de compte	Désignation	Débit	Crédit
401.	Fournisseur de biens et services	120	
6136.	Mali d'emballage	150	
44566.	TVA déductible sur ABS	30	
4096.	Fournisseur débiteur- consignations		300

*Mali d'inventaire : (30€-15€)*10 palettes   * TVA déductible sur mali

Sommaire des corrigés

Corrigé de l'exercice 1 68
Corrigé de l'exercice 2 69
Corrigé de l'exercice 3 70
Corrigé de l'exercice 4 70
Corrigé de l'exercice 5 71
Corrigé de l'exercice 6 72
Corrigé de l'exercice 7 72
Corrigé de l'exercice 8 74
Corrigé de l'exercice 9 75
Corrigé de l'exercice 10 76
Corrigé de l'exercice 11 77
Corrigé de l'exercice 12 77
Corrigé de l'exercice 13 78
Corrigé de l'exercice 14 78
Corrigé de l'exercice 15 78
Corrigé de l'exercice 16 79
Corrigé de l'exercice 17 79
Corrigé de l'exercice 18 82
Corrigé de l'exercice 19 83
Corrigé de l'exercice 20 84
Corrigé de l'exercice 21 85
Corrigé de l'exercice 22 86
Corrigé de l'exercice 23 86
Corrigé de l'exercice 24 86
Corrigé de l'exercice 25 87
Corrigé de l'exercice 26 87
Corrigé de l'exercice 27 88
Corrigé de l'exercice 28 90

Corrigé de l'exercice 29 90
Corrigé de l'exercice 30 91
Corrigé de l'exercice 31 92
Corrigé de l'exercice 32 92
Corrigé de l'exercice 33 93
Corrigé de l'exercice 34 93
Corrigé de l'exercice 35 94
Corrigé de l'exercice 36 95
Corrigé de l'exercice 37 95
Corrigé de l'exercice 38 96
Corrigé de l'exercice 39 97
Corrigé de l'exercice 40 97
Corrigé de l'exercice 41 98
Corrigé de l'exercice 42 98
Corrigé de l'exercice 43 99
Corrigé de l'exercice 44 99
Corrigé de l'exercice 45 99
Corrigé de l'exercice 46 100
Corrigé de l'exercice 47 101
Corrigé de l'exercice 48 102
Corrigé de l'exercice 49 102
Corrigé de l'exercice 50 103
Corrigé de l'exercice 51 104
Corrigé de l'exercice 52 104
Corrigé de l'exercice 53 105
Corrigé de l'exercice 54 106
Corrigé de l'exercice 55 107
Corrigé de l'exercice 56 107
Corrigé de l'exercice 57 108

Sommaire des corrigés

Corrigé de l'exercice 58 108

Corrigé de l'exercice 59 109

Corrigé de l'exercice 60 109

Corrigé de l'exercice 61 110

Corrigé de l'exercice 62 111

Corrigé de l'exercice 63 111

Corrigé de l'exercice 64 112

Corrigé de l'exercice 65 113

Corrigé de l'exercice 66 113

Corrigé de l'exercice 67 113

Corrigé de l'exercice 68 114

Corrigé de l'exercice 69 114

Corrigé de l'exercice 70 115

Corrigé de l'exercice 71 116

Corrigé de l'exercice 72 116

Corrigé de l'exercice 73 116

Corrigé de l'exercice 74 117

Corrigé de l'exercice 75 117

Corrigé de l'exercice 76 117

Corrigé de l'exercice 77 117

Corrigé de l'exercice 78 118

Corrigé de l'exercice 79 119

Corrigé de l'exercice 80 119

Corrigé de l'exercice 81 119

Corrigé de l'exercice 82 120

Corrigé de l'exercice 83 121

Corrigé de l'exercice 84 121

Corrigé de l'exercice 85 122

Corrigé de l'exercice 86 123

Corrigé de l'exercice 87 124
Corrigé de l'exercice 88 125
Corrigé de l'exercice 89 126
Corrigé de l'exercice 90 128
Corrigé de l'exercice 91 129
Corrigé de l'exercice 92 130
Corrigé de l'exercice 93 131
Corrigé de l'exercice 94 132
Corrigé de l'exercice 95 133
Corrigé de l'exercice 96 134
Corrigé de l'exercice 97 136
Corrigé de l'exercice 98 138
Corrigé de l'exercice 99 141
Corrigé de l'exercice 100 142
Corrigé de l'exercice 101 143

Printed by Amazon Italia Logistica S.r.l.
Torrazza Piemonte (TO), Italy